知り・口下手も関係ない
けない雑談力

渡瀬　謙

廣済堂新書

はじめに

私はもともと雑談が大の苦手でした。誰かと一緒にいても、自分から何かをしゃべることができずに、いつも相手からの言葉を待っていました。口下手で無口、そして極度のあがり症だったのです。

たまに沈黙に耐えられずに自分から話しかけようとするだけで、その緊張であがってしまい、顔が真っ赤になってしまうありさま。学生時代は、そんな自分が恥ずかしくて、できるだけ人と接しないようにしていました。

そんな私も社会人になると、どうしても対人コミュニケーションが必要になります。会社の中の人たち、お客様、取引相手など、さまざまな人たちと少なからず会話をしなければ仕事もうまくまわりません。

なかでも雑談ができないことが、人付き合いを大きく阻害していました。

そこで、いろんな本を読んだりしながら、うまく雑談ができるように勉強を始めました。話し方教室にも通いました。同時に、あがり症を克服するための努力もしました。自分を変えるために、(ある意味で仕事をそっちのけで)頑張っていました。

そのかいあって、うまくできるようになりました……と言いたいところですが、そんなに単純なものではありません。努力もむなしく、まったく成果が上がらない自分がいました。

自分はこのまま一生、人付き合いができないままなのだろうか？　そんな不安でいっぱいでした。

その私がいまでは、こうして雑談の本を書いたり、人に雑談の仕方を教える仕事をしているなどとは、当時の自分からは想像もつかないことでした。

初対面の人とも、気軽に会話ができるようになりましたし、大勢の前でもあがらずに話ができるまでになったのです。もちろん、あがり症であることは変わりませんが、あがらないで話す術を身に付けました。あれほど苦手だった対人コミュニケーションも、ストレスを感じることなくできます。その意味で、私はずいぶん変わりました。

とりわけ、雑談ができるようになったことが大きいです。普通の人は自然にできて当たり前の雑談は、それができない人にとっては、とても巨大な壁なのです。その壁を登るためにどれだけ苦労してきたことか。

ではどうやって自分を変えることができたのかというと、じつは単純なあることをしただけでした。それは、常識を捨てることです。

雑談がうまくなりたいと、どんなに頑張って本を読んでも練習しても、まったく進歩しない自分に、私はさじを投げました。あきらめたのです。そして開き直りました。

すると、いままで自分のなかでは常識だと思っていたことに、ふと疑問がわいてきたのです。

〝雑談がうまくなるためには、うまくしゃべらなければいけない〟。

これって、本当にそうなのだろうか、という疑問です。

詳しくは、この後の第1章でお話ししますが、雑談に関する既成概念を取り除くことで、こんな私でも、あっという間に雑談ができるようになりました。本当にあの苦労はなんだったのだろうと思うくらい、あっさりとできたのです。

それを、かつての私と同じような悩みを抱えている人にも知ってほしい。そして人間関係に気を取られない余裕のある生活を送ってほしい。そんな気持ちで本書を書きました。

ぜひ、最後までお読みください。きっと明日からの暮らしが変わってきますよ。

目次

はじめに 2

第1章 雑談ってコツさえわかれば簡単なんです —— 11

●雑談に対する思い込みを捨てる 12
●そもそも雑談の本当の目的を確認する 16
●盛り上げる必要がないことを知る 20
●うまくしゃべる練習をやめる 24
●相手に話してもらうことだけを心がける 28

第2章 話を切り出すために必要な「観察力」を養おう —— 33

●最初の声かけにはコツがあることを知る 34
●基本は相手に近い話題を使う 38

●共通の話題を見つけることを意識する　42
●名刺交換をしたら、まず相手の氏名を読み上げる　46
●アドリブが苦手なら話題の準備をしてから臨む　50
●緊張しないための方策を練る　54
●予備の話題をあらかじめ用意しておく　58
●あいさつも雑談の入り口になる　62
●雑談に必要なのは知識ではなく観察力　66

第3章　相手に話してもらうための「質問力」を身につけよう　71

●雑談の基本は質問から始まることを知っておく　72
●聞き役に徹する　76
●相手が知っていそうなことから聞く　80
●質問したあとは沈黙して待つ　84
●相手が答えやすい「3つの質問」を使う　88
●質問を予告する　92
●「教わる」質問で気軽な会話ができる　96
●素朴な疑問をそのまま伝える　100

第4章 相手がどんどんしゃべり出す「リアクション」 105
●あいづちも会話の一部である 106
●質問に答えてくれたらお礼をする 110
●心の声を言葉にする 114
●驚きのリアクションで盛り上げる 118
●疑問のリアクションで掘り下げる 122
●ボディランゲージで気持ちを伝える 126
●「ほめる」「欲しがる」を使う 130

第5章 雑談で困ったときの対処法 135
●知らない人ばかりの立食パーティーに出席 136
●苦手な上司と飛行機で二人きりになったとき 140
●エレベーターで社長とはちあわせ 144
●あこがれの異性とデートで緊張 148
●無口な人と一緒になったら 152
●しゃべり過ぎる人との会話を打ち切りたい 156

第6章 雑談だけで自己アピールできることを知っておこう――161

●「人の話をきちんと聞くタイプである」を伝える 162
●「よく気がつく人間である」を伝える 166
●「あなたに興味を持っている人間である」を伝える 170
●「気持ちに余裕がある人間である」を伝える 174
●「素直で正直な人である」を伝える 178

おわりに 182

第1章

雑談って
コツさえわかれば
簡単なんです

雑談に対する思い込みを捨てる

私は雑談が大の苦手でした。人と会ったときに、最初にさりげない会話ができればいいなとは思うのですが、それがうまくできません。何かを言いかけて口ごもってしまったり、緊張して沈黙してしまうことなど、しょっちゅうでした。

就職して、営業に配属された私は、客先での会話に困ってしまいます。

「あの～、えーと……」（何を言ったらいいのかわからない）

でも困るだけならいいのですが、私の対応のまずさから売れるものも売れなくなるのは、給与をもらう身としては切実な問題でした。なんとかスムーズに雑談ができないものだろうか。

もちろん、何もしなかったわけではありません。初対面の人との会話術とか雑談で使える面白い話などの本を読んだり、話し方教室に通ったこともありました。それでもまったくと言っていいほど上達しません。

その頃の私はというと、上手な雑談をするためには次のことが必要だと思っていました。

- 上手なしゃべり
- 明るい性格
- 雑学の知識

このどれも持ち合わせていなかった私は、どこから手を付けていいのかと半ば絶望に近い感覚でいました。もともと口下手で暗い性格の自分。これらをマスターするにはいったいどれだけの時間を費やせばいいのか、想像すらできませんでした。

いまこの本を読み始めているあなたはいかがでしょうか。雑談がうまくなるための努力をいろいろとしてきたのではないかと思います。でももしその努力が、上手なしゃべりをマスターすることや、知識を蓄えるために興味のない雑誌や新聞を読むことだとしたら、ちょっと待ってほしいのです。

先に結論から言いますと、上手な雑談をするためには、上手なしゃべりも明るい性格も雑学の知識も不要です。それまで必要だと思っていたのは、単なる思い込みに過ぎません。

詳しくはこのあとじっくりと述べますが、そのことを知ったときに私は愕然としたものです。これまでの努力は何だったのかと思いました。ただこれは多くの人が陥りやすいことなのです。

思い込みだと知ってから、私は雑談への苦手意識がなくなりました。営業で客先に行ったときでも、〝効果的な〟雑談ができるようになり、売上がグングン伸びて全国トップになることができました。

あの苦痛だったしゃべる練習をすることもなく、明るい性格に変えることもなく、興味のない知識を覚える努力もせずに、本書に書いた「小さな心がけ」を実行した結果です。

私はずっと長い間、雑談ができずに苦しんできました。対人コミュニケーションがうまくとれずに、多くの場面で損をしてきました。

でも自分なりにそれを解決して、いまでは不自由することなく仕事も生活もできています。それを、かつての私と同じような思いをしている人に伝えたいと思っています。

人にはいろんなタイプがいます。そして雑談も人それぞれだと思うのです。もともと苦手な私のようなタイプでも簡単にできる方法があるとしたら、知っておいて損はないですよね。

そのためには、既成概念を取り除くことから始めなくてはなりません。今まで当たり前だと思っていたことに疑問を持つところからスタートです。

- しゃべらないこと
- 盛り上げないこと
- 豊富な知識など不要

これが本書の基本ルールです。この時点ではまだ信じられないと思われるかもしれませんが、このあと読み進めていくうちに納得できるはずです。

雑談とはこういうものだ、という思い込みを捨てて、フラットな気持ちになること。

それが、まずひとつめの「心がけ」です。

心がけ1 既成概念を捨ててフラットな気持ちになろう

そもそも雑談の本当の目的を確認する

「雑談がうまくできたらなあ〜」と思うのは、どんなときでしょうか。

初対面の人と何を話していいのかわからないときや、知人と電車に乗り合わせたときなど、様々なタイミングがあるでしょう。雑談が必要だと思われるときというのは、人と会う数と同じくらいあるのです。

では、どうしてそのときどきでうまく雑談したいと思うのかを考えてみましょう。

例えば、朝の通勤で会社に向かってひとりで歩いているとします。信号待ちをしていると、となりに普段あまり話したことのない同僚がいることに気づきました。どうやらむこうも気づいているようです。さてどうしましょうか。

「あ、おはようございます……」

「お、おはよう……」

「……」

「……」

このあと、会社までずっと一緒に歩くことになるのに、ここで会話が止まってしまうと気まずいですよね。まあここでどんな会話をすべきかというのは、ひとまず横に置きます。

このときに、雑談したいと思う心理を想像してみると、

- 一緒にいて何もしゃべらないのは申し訳ない
- 避けているなどと思われたくない
- 付き合いの悪いヤツだと思われたくない

このような不安な気持ちを解消したいということが見えてきます。

さらに、どうしてそう思われたくないのかというと、「嫌われたくない」という気持ちからでしょう。つまりこの例の雑談する目的は、相手に嫌われたくないということです。

じつは雑談をするにあたって、この目的がわかっていることがとても重要なのです。目的に応じた雑談をすることで、より効果が出せるからです。

「この雑談は、相手に嫌われることを避けるためにしよう」

「このケースは、相手から信用されるためにするべきだ」

「この場合は、話しやすい人だと思ってほしい」

ほかにも雑談の目的はいろいろあります。どれも自分と相手との関係性についてのものですが、その多くは、「相手からこう思われたい」という心理が働いています。そうすることで適切な距離感を保つことができて、快適な人間関係を維持することができるのです。

とくに内気な人の場合は、必要以上に他人の視線を気にする傾向があるので、「これを言ったら相手は気を悪くするかもしれない」、「これを言うと変に勘違いされないかな」などとあれこれ悩んでしまいがちです。するとどうしても口が重くなってしまい、しゃべり出すタイミングを失ってしまうのです。

口下手の人というのは、何も考えていないのではなく、考えすぎて言葉が出ないことが多いので、瞬発力のある雑談が苦手になるというわけです。まあ、これは私のことですが。

でもそうすると、目的別にいろんな話題を用意しておかなければいけないのかと思われるかもしれませんね。ご心配はいりません。そんな大変なことはお勧めしませんのでご安心ください。

ここではまず、雑談とは、なんでもかんでも会話をすればいいというものではなくて、何かしらの目的があるのだということを知っておくことです。目的が明確であれば、それに向けた適切な雑談を選べます。

何でもいいからしゃべれと言われても困りますが、この方向で話せと言われれば、私のような口下手なタイプでも話しやすくなるはずです。雑談のコンセプトのようなものです。

私は以前、デザイン制作の仕事をしていましたが、そのときも「とりあえず何か作ってよ」と言われるのが一番困りました。やはり、「落ち着いた感じで」とか「躍動感を出したい」などのコンセプトがないとできないものなのです。

営業のときの雑談がうまくいったのは、「この人に信頼してほしい」という目的を持っていたからです。お客様から信頼されれば、営業の仕事はとてもやりやすくなりますからね。

自分がなぜ雑談がしたいのかを、あらためて考えるクセをつけるといいですよ。

心がけ② 雑談のコンセプトを決めよう

盛り上げる必要がないことを知る

それまで静かな教室だったのに、その子が入ってくるだけでとたんににぎやかになる。あんな風に盛り上げることができたらなあ。小学生の頃はいつもそう思っていました。みんなを笑わせている子のまわりには、いつも人が集まっています。人気者になれるんですね。男子ならバレンタインデーのチョコレートもたくさんもらっています。私は子供ながらにそんな子がうらやましかったです。

大人になり、社会人になっても、同僚の飲み会などで盛り上げる人はたいてい決まっています。そんな人は上司から可愛がられて部下からも慕われます。またまたうらやましく思いながら遠くで見ていました。

営業になって、先輩に連れられてお客さまのところに行ったときも、盛り上げて相手を笑わせている姿を見て、こんなふうにすれば売れる営業マンになれるんだなあ。でも自分にこれができるかな、と不安になりました。

雑談というと、どうしても笑いをとるとか場を盛り上げるということが頭に浮かびがちです。でも人を笑わせるというのは、とても高度な技術が必要ですよね。プロの芸人張りのテクニックを身に付けるためには、私などは一生かけてもムリでしょう。

一時は、お笑いの本やビデオを見て勉強したこともありました。でももともと内気で人とのコミュニケーションすらまともにできないタイプの人間です。うまくいくはずがありませんでした。

ある日、会社の飲み会の席で、いつも盛り上げ役になっている先輩の姿を眺めていたときのこと。ふと見渡すと、一緒に盛り上がっているまわりの人たちは、とくに面白いことを言っているわけではないということに気付きました。本当に面白いのはその先輩だけで、あとの人たちは、その話に乗っかって笑っているだけだったのです。

考えてみればそうですよね。みんなが人を笑わせる達人のわけがありません。それを子供のころからできない私は、面白い人にならなければダメだと思い込んでいたのです。ビリの人間がいきなりトップを目指そうとしているようなものです。なので、面白い話ができなくても、盛り上げるのが下手でもいいのです。それが普通なのですから。

「でも雑談ではやっぱり盛り上げたほうがいいんですよね?」

はっきりとお答えします。「No」です。盛り上げる必要はありません。

前にもお話ししましたが、雑談の目的は何かを考えれば答えは自然に出てきます。雑談はその場を盛り上げることが目的ではありませんよね。盛り上げるというのはひとつの手段に過ぎません。

例えば、目の前の人から信頼されるということを目的とするならば、どんな雑談が好ましいのかを考えてみましょう。私のような口下手な人間が、ムリに盛り上げようとしてしまうと、それは相手にすぐに見破られます。ものすごく不自然だからです。すると、「この人は自分を偽っている」と思われてかえって信頼を失うことになります。それでは目的を外してしまいますよね。

ではもともと雑談が苦手な人は、どうやって信頼されるようになるのかという具体的な手法については、後々お話ししています。ここで知っておいてほしいのは、自分に合った雑談を選べばいいということです。

もちろん盛り上げることが１００％ダメだということではありません。ただ何でもかんでも盛り上げればいいという考えを捨ててほしいのです。そうすれば、不要なプレッシャーを感じることもなく、自然体で話をすることができます。

この自然体というのは、じつは雑談では大きな要因です。そもそも雑談というのは、気軽な会話ですよね。それなのに、うまく雑談しなければという緊張感に満たされていたら、そんなのは楽しいはずがありません。

雑談のコツとは、うまく何かをやろうとすることではなく、むしろやらなくてもいいことを理解することなのです。ですから、面白い話をすることや場を盛り上げるのが苦手だとしたら、もうそれはやろうとしなくてもいいのです。

心がけ③ 苦手なことはやらない。自然体でいよう

うまくしゃべる練習をやめる

やめるべきことは、まだあります。それはしゃべる練習です。雑談が苦手な人の多くは口下手だったりするので、どうしても自分のしゃべりに自信がありません。つまり短所です。人間はどうしても他人より劣る部分があると、それを克服しようとしてしまいますよね。

私もずっと長い間、克服の毎日でした。営業で売れないのも、人とうまくコミュニケーションがとれないのも、みんな自分のしゃべりのまずさが原因だ。だからしゃべりをうまくしなければならない。そんな思考でいました。

売れない営業マン時代の私は、しゃべる練習ばかりしていました。自分ではうまくしゃべっていると思っていても、まったく結果が出ない日々が続いていました。売れないと、「まだうまくしゃべる必要があるんだ」と思って、さらに練習を重ねていたのです。

でもあるときに、しゃべる練習をやめました。上手にしゃべることと売れる営業マンになることは、イコールではないことがわかったからです。事実、まわりの売れている営業を見ても、あきらかにしゃべりが下手な人もいました。下手でも結果を出せているのです。

また、近年では講演の仕事も増えていて、人前でしゃべる機会が多くなってきました。最初の頃は、やはり講師たるものきちんとしゃべれないとダメだと考えていて、これまたしゃべる練習をしていたものです。

でも、練習すればするほど、受講者たちはつまらなそうな顔をして聞いています。最前列で寝ている人もいました。どうしてみんな聞いてくれないんだろうと悩んでいた時期もありました。

そして、このときも営業マン時代と同じことをしました。そう、しゃべる練習をやめたのです。上手にしゃべることに時間を使うのではなく、伝えるべき内容にもっとフォーカスするようにしました。すると、お客さまの反応がガラリと変わったのです。終わった後のアンケートもほぼ満点に近くなり、主催者からの「また次回もお願いします」という依頼が増えるようになりました。

このような経験から、雑談も同じことだと考えたのです。苦手意識の強さから、どうしてもうまくしゃべらなければならないという自分の動作にばかり気が行っていましたが、そうではなくて相手に意識を向けるべきだと。

営業のときも、相手の気持ちをどうやったら理解できるのかにフォーカスし始めてから売れるようになりました。講演で話をするときも、自分が伝えたいことをどうやったら興味を引き立てて聞いてくれるかに集中することで、満足度の高い講義ができるようになったのです。すべては相手に意識を向けた結果でした。

あなたも思い返してみてください。相手がお客さまであれ、会社の上司であれ、そして家族であったとしても、コミュニケーションがうまくとれていないときというのは、自分主体になっていませんでしたか？

- 自分はこんなに真剣なのに、どうして聞いてくれないんだろう。
- なんで話をしても、きちんと理解してくれないのか。
- やさしく接しているのに、あの態度は何なんだ。

これらは、すべて相手への不満です。自分は正しいことをしているのに、相手が悪いからコミュニケーションがとれないと思っています。このような状態が自分主体になっているときです。

〝どうして〟聞いてくれないのかではなく、〝どうしたら〟聞いてくれるのか。

相手は機械ではなく人間です。こちらが同じことを言ったとしても、人によっては違う受け止め方をするものです。また機嫌が良いときと悪いときもあります。素直に話を聞きたいときと、誰の話も聞きたくないときだってあるでしょう。

ですからどんなにうまくしゃべって伝えようとしても、その受け方は相手によって様々なのです。このことが腑《ふ》に落ちてから、ようやく私は相手側に目を向ける余裕ができました。

うまくしゃべる必要はありません。それは私が証明します。

では、何をすればいいのか？　その根本となる答えを次で解説します。

心がけ④ 同じことを言っても同じように伝わらないのが人間

相手に話してもらうことだけを心がける

雑談のときに心がけること。それをひとつだけあげろと言われたら、私は迷うことなくこう答えます。

「それは、相手に話してもらうことです」

これはもうこの本の結論と言ってもいいかもしれません。うまい雑談の技術とは、いかにして相手にしゃべらせるかということなのです。

このことに気付いたのは、私のある体験からでした。

ビジネス雑誌の取材を受けていたときのこと。私は普段からあまりしゃべりません。プライベートでも仕事であっても、必要最低限のことしか口にしないタイプです。子供のころからずっとそうだったので、自分はしゃべることが嫌いなんだと思っていました。

ところがその取材で、私は自分でもびっくりするくらいしゃべってしまったのです。ひとつの質問に対して、あれもこれもと率先して話していました。

「あれ？　何でこんなにしゃべっているんだろう？」

自問自答しながらも、私の口は止まりません。気がつけば予定の時間をはるかにオーバーしていました。これはおそらく生まれて初めての経験でしょう。もちろん流暢にしゃべっているわけでなくで、たどたどしい話し方でしたが、それでも話し続けるという貴重な体験をしました。

そこでさらに驚くべき事実を発見したのです。

それは「話をするのって気持ちがいい！」ということ。

元来おしゃべりでない私だからこそ、あらためてそう感じたのかもしれません。普通の人なら日頃当たり前のように感じていることなのでしょう。

自分では話すことが苦手だし、話し続けるのは苦痛なことだと思い込んでいたのですが、心地よくなるときもあることを知ったのです。

ただし、それには条件があります。私の話を（どんなに聞きづらい話だったとしても）興味深く聞いてくれる相手がいるときです。実際に、他の取材のときは、それほどしゃべることが楽しいとは感じませんでした。

では、私が気持ちよくしゃべったときの担当者は、私に何をしたのでしょうか？気になって後で思い返してみたところ、いくつかのポイントがあったのです。

その具体的な内容については、このあとの章で詳しく述べますが、私のような人間が相手でもしゃべらせることができるワザがあることを、まずは知っておいてください。

ここでは、しゃべったときの私の変化に注目です。気持ちよくなったということがありますが、それよりも、相手への好感度がものすごく上がりました。自分が話をしていながら、相手に好意を寄せていたのです。もちろん恋愛感情とかではなく、人として「いい人だなあ」という気持ちです。

最初はしゃべること自体が、気持ちよさを感じさせてくれる要因なのかと思っていました。でも本質はもっと別のところにあったのです。それは、相手が自分を気持ちよく話せるようにしてくれているということです。そして、そんな相手に対して好意が生まれます。

逆の立場で見てみると、相手に好意を持ってもらうことになるのでは！

つまり雑談の目的が、相手から「いい人」だと思われたいのなら、自分がしゃべるのではなく、相手に気持ちよくしゃべってもらうだけで簡単に達成できるのです。

そこに思いが至ったときに、私はしゃべる練習を一切やめました。雑談は自分がしゃべることではなくて、相手にしゃべらせることなんだと気づいたからです。あとは、どうやって相手にしゃべってもらうようにするかを工夫するだけ。いたってシンプルです。

いかがでしょうか。あなたのこれまでの雑談のイメージが変わって、余計なプレッシャーが少しでも減っていればうれしいです。

そう、雑談は気合いを入れて頑張るものではありません。肩の力が抜けている状態でやるものです。ここでひとつ深呼吸でもして、リラックスしながら次章に移ってください。

心がけ5 雑談でやるべきことは、気持ちよく話してもらう工夫

第2章

話を切り出すために必要な「観察力」を養おう

最初の声かけにはコツがあることを知る

さて、ここからは具体的な内容に入っていきます。雑談するときに悩んでしまうポイントとして、最初に何を言えばいいのかわからないというのがあります。いわば雑談のきっかけですね。そこで必要なのが「観察力」です。と言っても、難しいことはありませんし、特殊な能力も不要です。なんせ、こんな私でもできたことばかりですからね。

とは言うものの、私もかつてはこの最初の声かけができずにいたひとりです。人と待ち合わせをしたときでも、顔を合わせてすぐの言葉が出てきません。

「あ、どうも」
「どうも」
「………」

しかたがないので、黙って目的地まで歩きはじめるのですが、一緒に歩いている最中も終始無言でした。何か話さなきゃ、でも何も思いつかない。そんなピリピリした感じがお互いに伝わってきます。それがイヤだったので、私はできるだけ人と待ち合わせをせずに、現地集合にしていました。

そして現地にも、時間ギリギリになって到着します。早めに着いてしまうと、他の人を待っている間に雑談をしなければいけませんからね。できればそれは避けたいところです。でも遅刻して迷惑をかけるのはもっと避けたいので、早めに到着しておいて、近くをうろつきながら時間を調整していました。

そんな時間つぶしが実際に役に立ったことがありました。

私がまだ学生で、就職活動を行っていたときのこと。面接のために会社に訪問したのですが、緊張していたのでかなり早い時間に到着してしまいました。そこで時間をつぶすためにその会社の建物のまわりをゆっくりと歩いていたのです。

普通に歩いたらすぐに一周してしまうので、本当にゆっくりと、ときどき立ち止まりながら歩きました。すると、建物の裏側になにやら奇妙なものがあったのです。ビルの一角にへこみのようなものがあり、そこに小さな社《やしろ》が建っていました。

「これは、このビルを建てる前からここにあったもののようだけど。何か大事なものみたいだなあ」

しばらくその前で眺めながらそんなことを考えていました。

そして時間が来ました。面接会場に向かいます。面接は5人同時に行う形式で、私は5番目でした。質問に対して一人ずつ答えていく流れです。そして一通りのやりとりが終わると、面接官からこんな質問が来ました。

「みなさんのほうから何か質問してください」

それを受けて、みんなそれぞれ質問して、面接官が答えていきます。

でも、私の番になると、もうだいたいお決まりの質問は出尽くしてしまっていて、とくに聞くことがなくなってしまいました。そこで私はこんな質問をしました。

「あの、関係ないかもしれませんが、先ほどこのビルの裏側を歩いたときに、小さな社《やしろ》みたいなものを見つけたのですが、あれは何でしょうか?」

いま思えば、面接の場でなんて突飛な質問をしたものでしょう。

「え?　そんなの知らないなあ」

と面接官を困らせてしまいました。

すると、その面接を後ろの方で見ていた年配の男性がこう言ったのです。

「それは、この土地をずっと守ってくれている神様だよ」

あとで知ったのですが、その人はその会社の会長でした。うしろで黙って面接を見ていたのです。そのあと私と少し会話をして、満足そうにしていました。ちなみにこの面接には合格しました。


さて、この話のなかには、雑談のコツがいくつか入っていました。当時の私はもちろん無意識でやっていたことです。

それを含めてこの章では「観察力」について解説していきます。

心がけ6 さりげない話題で相手の心をつかもう

基本は相手に近い話題を使う

「雑談に困ったら天気の話題を使え！」

私が営業マンのころには上司にそう教わりました。多くの営業本にも同じことが書いてあったりするので、間違いではないはずです。

しかし、私にはうまく使えた記憶がありません。「今日はいい天気ですね」などと話題を振ってもそのあとがまったく続かないのです。やっぱりそれなりの話術が必要なのかな、などと思っていた時期もありました。

でもいまでは説明できます。どうして天気の話題が続かなかったのかを。

それを踏まえたうえで、あなたに質問です。

ある人のところへ訪問したときの最初の雑談をするために有効な話題は、次の3つの中でどれだと思いますか？

（A）昨日観たお笑い番組
（B）来る途中の交通渋滞
（C）相手の変わった靴

いかがでしょうか。どれを選びましたか？

先に答えを言ってしまうと、どれも正解なのですが、私的には優先順位があります。

それは、「相手に近い話題」を使うということ。つまりこの中では（C）になります。話題の面白さよりも、距離を優先しているのです。次いで（B）、（A）の順番です。

その理由は、相手に身近な話題のほうが、知っている可能性が高いから。ただそれだけのことです。人は知っていることのほうが話しやすいですからね。

もちろん、お笑い番組の話をしたら相手もそれを観ていて、話が盛り上がったということもあるでしょう。交通渋滞の話題も同じことが言えます。そもそも相手の心の内がわからないので、どんな話題に興味を持っているかなどわかるはずがありません。

ただ、それでもより身近な話題のほうが、確率的にヒットすることが多いので、相手との距離を優先しているというわけです。そして自分の中で優先順位を決めてしまうことで、どんな話題にしようかと悩むことがなくなるという恩恵もあります。

雑談というのは、瞬発力も必要になっているので、その場になってあれこれ迷っていてはタイミングを逸してしまうことも大いにありますからね。

雑談の基本は、相手にしゃべらせることでした。これを念頭に置くことで、話題を選ぶ基準も自然に決まってきます。どんなに面白い話題でも、相手がそれを知らないと、自分ばかりがしゃべることになってしまいます。相手が知っていそうな話題こそ、雑談には最適なのです。

思えば、私が面接をしたときに出した話題も、相手の会社の近くのことでした。それを良く知っていた会長がその話題に反応を示したことで、会話がつながりました。結果として私の好感度があがり、合格に結びついたのだと思っています。

ちょっと話は逸れますが、企業の面接というのは、受験者がきちんと答えられるかを見ているのではありません。緊張した場面でも自然体で会話ができるかどうかを確認しているのです。私もかつて自分の会社で面接をしていたことがありますが、やはり自然な会話ができた人は好印象になりました。そういう人は実際の仕事でも、まわりの人や外部の人ともうまくコミュニケーションがとれると判断できます。

その意味では、雑談というのは、単なる時間つぶしの場ではなく、自分をアピールする場に変えることもできるわけです。これについては、第6章「雑談だけで自己アピールできることを知っておこう」で詳しく解説しています。

雑談のネタはいたるところに落ちています。それを見つける観察力を養うためには、意識を変えるだけでいいのです。相手が知っていそうなこと、すなわち相手の身近なところから話題を探そうとする意識。ぜひそんなクセをつけてください。

心がけ7 話題は案外近いところに落ちている！

共通の話題を見つけることを意識する

前に会ったことのある人と久しぶりに会ったときのセリフに、「ごぶさたしています」というのがありますよね。あなたもよく使っているのではないですか。

それに続けて、

「いつ以来でしたっけ？」

「先日は楽しかったですね！」

「あの店にまた行きたいですね！」

など、会話をつなげることができます。やはり一度接点がある人との雑談は、きっかけがつくりやすいもの。なぜつくりやすいかというと、共通の話題があるからです。

あなたが話のきっかけで悩んでいるときは、目の前の人との共通の話題は何かないかなと探していたりしませんか。それが無意識にせよ探してしまうのは、共通の話題があればそれを軸に雑談ができるという経験によるものでしょう。いわば会話の糸口ですね。最初のきっかけさえつかめれば、あとは比較的スムーズに行けるものです。

では、初対面の人との共通の話題って何でしょうか？

「初対面なら接点がないのでそんなのあるわけないでしょ」

いえいえ、そうとも言えません。

まず、一緒にいるということは、その場所はひとつの共通点ですよね。

たとえば何かの集まりの席だとすると、それを主催している人は共通の知人である可能性が高いです。

「主催の○○さんとはお知り合いですか？」

「はい、以前一緒に仕事をさせていただいたことがあります」

「そうだったんですか、どんなお仕事ですか？」

また、その集まりのことをどこで知ったのかという質問もできます。

「今日の集まりはどこで知ったのですか？」

「私は、○○さんのメルマガを見て来ました」

「あ、私も○○さんのメルマガからです。○○さんも来ているらしいですよ」

もちろん、最初に「はじめまして」などの挨拶をしてからですが、このように切り出すことで、共通の話題を探ることができます。

たまにパーティーなどに行くと、誰にでも名刺を配りながら「私はいまこんなことをやっています」と自己紹介している人を見かけますが、これはいただけません。そうかと言っていきなり「あなたのことを聞かせてください」と言うのもちょっと唐突感があります。

まずは、共通の知人などの話題でしばらく会話をしてから、少しずつお互いの話に移るのがいいでしょう。


雑談というのは、別にいろいろな話題を展開しなくてもいいのです。話題を変えないで済むなら、むしろそのほうが有効です。ひとつの話題だけで終始するのもアリなのです。

たとえばお互いにサッカー観戦が趣味だとわかったら、その人との雑談はすべてサッカーの話でも構いません。会うたびにサッカーの話題を出しましょう。相手によって偏った話題でもいいのです。無理して話題を変えて白けてしまってはもったいないですからね。

前に述べた「相手の身近なことを話題にする」というのも、相手が知っていそうなことをこちらから話すことで、一種の共通の話題を探り出す作業をしています。

雑談は会話です。お互いに話し合うには、やはり何かの話題が必要です。その話題が共通するものであれば、ごく自然に雑談になっていきます。

ぜひ、目の前の人との共通部分を探すことを習慣化しましょう。

そして共通の話題を見つける便利なツールがあります。それが次で解説する名刺です。

心がけ8 共通の話題があればもう雑談は怖くない

名刺交換をしたら、まず相手の氏名を読み上げる

社会人になれば、たいていの場合は会社から名刺が支給されます。あまり配る機会がないような職種の人でも、名刺は持っていることが多いでしょう。なかには学生や副業をしている人なども、自前の名刺を持っていたりします。

そして、ビジネスの場では、会ったら最初に名刺交換をするというありがたい慣習があります。初対面でも名刺を差し出せばほぼ間違いなく応対してくれます。これを使わない手はないですよね。

私は名刺交換をするときに、必ずやることがあります。それは、「相手の氏名を読み上げる」ということ。もらった名刺には相手の名前が書いてあるので、それをその場で読むのです。もう完全に習慣化しているので、条件反射のようになっています。

もらった名刺（田中一郎）を見ながら、

「たなかいちろうさんですね」

「そうです」

「よろしくお願いします」

「こちらこそよろしく」

こんな感じです。簡単ですよね。もうお気づきかと思いますが、このやりとりだけで、相手に2回しゃべらせています。名刺交換をするだけでしゃべらせることができると、そのあとの会話にも入りやすくなるのです。


ただ、私の狙いはそれだけではありません。相手の名前を読もうとすると、どうしてもつかえてしまうことがあります。

もらった名刺（五十村享史）を見ながら、

「えっ、ごじゅうむら……さん、ですか？」

「いえ、これでいそむらと読みます」

「あ、いそむらと読むんですね。珍しいですね～」

「はい、私も同じ苗字の人に会ったことがありません」

「いそむら、きょうじ、さんとお読みするんでしょうか?」
「いえ、たかしなんです(笑)」
「あ、重ねて失礼しました。いそむらたかしさんですね。よろしくお願いします」
「こちらこそよろしくお願いします」

いかがでしょうか。今度はずいぶん会話になりました。名前によっては読みにくかったり、読めない漢字も出てきます。それを読もうとすれば、自然に言葉がつっかえますし、間違えることもあるでしょう。それこそが会話のきっかけになるのです。

読みにくい名前を持っている人は、そのように人から聞かれ慣れています。ですから別に不快になることもないですし、むしろうれしそうに答えてくれます。読めない字をそのままにしておくと、後々聞きづらくなりますし、そのほうがかえって失礼ですよね。

とくに名前というのは相手に近いというよりも、むしろ相手そのものの話題なので、雑談のネタとしては最高なのです。読めない名刺をもらったら、ここぞとばかりに聞いてしまいましょう。その後の会話がきっとスムーズになりますよ。私もこの習慣を始めてから、雑談がとても楽になりました。

もらった名刺をろくに見ずに、すぐにしまってしまう人もたまにいますが、それはとてももったいないことです。名刺交換をしたら、ほんの数秒間だけ、相手の名刺をじっくりと見るクセをつけたいものですね。

心がけ 9 相手の氏名は絶好の雑談ネタになる

アドリブが苦手なら話題の準備をしてから臨む

その場に応じて適切な対応ができる人は、雑談もそれほど苦労しないことでしょう。どんなときでもアドリブが使えて誰にでも余裕で対応できるのなら、いまこの本も読んでいないと思います。逆に雑談が苦手な人ほど、アドリブが苦手とも言えるでしょう。

もちろん私もその代表格です。とにかく対人瞬発力に乏しく、いつも何を言えばいいのかとあれこれ考え始めてしまうクセがあります。

そんな私のような人が、ゼロからアドリブでしゃべる訓練をするというのは、気が遠くなる話です。はっきり言って私は、臨機応変な人間になることはあきらめました。そこに労力をかけていては、時間がいくらあっても足りないと思ったからです。

その代わりに心がけたことがあります。それはその場で何とかなると思わないこと。

つまり、自分はアドリブが効かない人間なのだと自覚することにしました。そうすれば、その場でなんとかしようとは考えなくなります。焦って考えてもムダ。だとしたらどうすればいいのか？　そんな発想が働きます。

雑談が必要な場面というのは、いろいろあります。

突然誰かと会って話をしなければならないとき。これはもちろんアドリブでやることになりますが、そんな場面がそうそうあるでしょうか？　普段の生活のなかでみると、実際には稀《まれ》なことなのです。そうだとしたら、そんな滅多にないことのためにアドリブ力を鍛えておく必要があるとは思えません。

それよりも、誰かと会う予定があるときの雑談をうまくやることを考えるべきです。その場でうまくできないと自覚していれば、当然、事前の準備が必要になります。私は雑談を準備して臨むことにしたのです。

少し早めに行動して、まわりを観察してそれをネタにするのも準備のひとつです。それ以外にも、事前に相手の情報を調べていくようにしました。

初めての会社に訪問するときには、事前にその会社のホームページをチェックしておきます。営業マンが客先に行くときに、相手のホームページを見てから行くのは常識です。

ただ、見るといってもすべてのページを読み込んでいくことはしません。膨大なページ数を読むためには、かなりの時間が必要になりますからね。それこそ時間のムダです。

私が心がけているのは、雑談のネタを探すことです。どんなにページ数が多くても、少し読んでみてネタが見つかれば、そこで終了します。

「御社のホームページを拝見しましたが、まだ設立したばかりなんですね」

「なんでも社内にフットサルチームが3つもあるとか。すごいですね」

「社長のお名前が変わっていますね。これで何とお読みするんですか?」

このような雑談のネタが拾えたら、もう初対面の人に会ったときでもあわてる必要がなくなります。話題は、事前に仕込んでおくこともできるのです。


また、最近ではツイッターやフェイスブックなどのSNSやブログなど、個人で情報発信をしている人も増えています。そこで、これから会う人の個人名をネット検索してみると、案外ネタが出てきたりします。

「ネコをたくさん飼っているんですね」

「なんかあちこちに旅行に行かれているみたいですね」

「家庭菜園のブログ、拝見しました！」

ネットで見つけたら、このようにネタを拾うことができます。当人が公開している情報なら調べても問題にはなりません。ただ最初から突っ込んで読み込むと、ストーカー的な印象を持たれるので気をつけましょう。できればさらりと、その人の最新の記事などを話題にするのがいいですね。

事前に時間があるのなら、ぜひ相手のことを調べてから会いに行きましょう。雑談のネタを拾えるのはもちろんですが、相手のことを知ることでより落ち着いて話をすることができるようになります。未知の人物と会うのは、誰でも緊張してしまいますからね。

心がけ10 自分の苦手なことを知ろう

緊張しないための方策を練る

あなたはすぐに緊張するタイプですか？　人前で何かを話さなければいけないときや、誰かに頼みごとをするときなど、まったく緊張しないでできる人はなかなかいません。私は緊張することに関しては、トップクラスの自信があります。自分でも「なぜ？」と思うような小さなことでも緊張してしまいます。

その場で何かを言わなければならないとき。しかもちょっと面白いことを期待されているときなど、もう緊張度はマックスになります。全身がカッと熱くなり、顔から汗が吹き出します。そうなるともう思考がまとまらなくなって、よけいにしゃべれなくなります。

また、1週間後に何かの発表をしなければならないとき。今度は胃が活動を停止します。食欲がまったく無くなり、そして決まって下痢をします。神経性の下痢ですね。夜もねむれなくなって、ウトウトし始めると何かに追われているような夢を見ます。体調が極端に悪くなってしまいます。

そうなると、当然ながら本番でもうまくいきません。うまくいかないだけでなく、下手をすると「あいつは本番に弱いヤツ」という悪印象を持たれることもあるのです。心身ともに最悪になるうえに、結果もうまく出ない。これでは仕事でも人間関係の上でもなんとかしなければならないでしょう。

雑談がうまくできない人は、この緊張も影響しています。雑談ができないから緊張するのではなくて、そもそも緊張するから雑談ができないでいるのです。

相手の立場になってみると、目の前の人があきらかに緊張していたら、和やかに世間話などできるはずがありません。そして緊張は相手にも移ってしまいます。

そこで、雑談をどうこうしようという前に、まず緊張しないための方策を練るべきだと考えます。過去を振り返ってみて、自分はどんなときに緊張するのかを冷静に分析してみましょう。

すると、いくつかのパターンが見えてくるはずです。私の場合は、緊張度の高い順で言うと、（1）人前でしゃべるとき、（2）大きな仕事を任せられたとき、（3）誰かを説得しようとするとき、などです。あと自分の考えを表現するときも緊張しますね。

こうして自分のタイプを確認することで、その対処法も検討することができます。手のひらに「人」という字を書いて飲むとか、相手をかぼちゃだと思えばいいなどというのは、確実な対処法ではありません。

私の場合、まず人前でしゃべるときの緊張を消したいと思いました。とくに今の仕事をする上では必須だからです。正直言って、はじめの頃は人前でしゃべることをずっと避けていました。本を書いて生計をたてれば、とくに講演などやる必要はないと考えていたのです。

ところが、そんなにうまくはいきません。やはり本が売れないとダメですし、売るためにはそれなりのメディアに出るとか、人前で話す（講演）の機会を作らないと相乗効果が期待できないのです。

本を書いてベストセラーになるというのは、実力もそうですが、運やタイミングにも左右されます。それをひたすら待ち望む作戦は、現実的ではありません。やはり講演なども併用していく必要があったのです。

私なりの人前でもあがらないようにする方法は、まず自分の立ち位置を下げるようにしました。「講師といえども、大したことはない人間なんだ」、「むしろみなさんよりも劣っているのですよ」ということを最初に話すのです。そうすることで、自分のハードルが下がって、気が楽になります。

次に自分はあがり症で口下手な人間だということを伝えます。これでいつでも間違えることができますし、言葉を忘れても大丈夫な雰囲気を作れます。いわば、ミスすることへの伏線を引いているのです。

これらをやるようになってから、あがることが激減しました。壇上でも気楽にいられるようになったので、落ち着いて伝えたいことを正確に伝えられるようになったのです。

緊張は、雑談の大敵です。いつも緊張してしまう場面を、できるだけ減らすための方策を練ることが、雑談力をアップさせる前提になるのです。

心がけ11 緊張しない環境をつくろう

予備の話題をあらかじめ用意しておく

これだ、という話題を見つけてそれを使ってみたら空振りだった。そんな経験はありませんか?

「いまここに来る途中で、お神輿《みこし》を担いでいるのを見たのですが、今日は何かのお祭りなんですか?」

こんな時事的なイベントならきっと食いついてくれるはず、と思っていたら……

「いや、知りませんけど」

「あ、そうですか……」

ここで話題は終了です。まさか途切れるとは思っていなかったので、別の話題など考えてもいませんでした。すると、また話題探しにあわててしまいます。

でも、これは当たり前のことです。こちらからの話題に、相手がすべて反応するはずがありませんからね。興味のないことや知らないことも、当然ながらあるのです。

そんなときのために、予備の話題を用意しておく習慣をつけましょう。

私はいつも初対面の人と会うときには、話題を最低3つは用意していきます。そうしないと空振りになったときが怖いからです。

「こちらの駅は初めて降りたんですけど、ずいぶん建物がきれいですね。改築したてなんですか?」

「いえ知りません」

「あ、そうですか。それと、こちらに歩いてくる途中で商店街を見かけたんですが、ずいぶんにぎわっていましたね?」

「まあ、あんなものですよ」

「……。あ、そうそう。そういえば、こちらの駅の発車メロディーは変わっていませんか? 何かの曲みたいでしたけど?」

「ああ、あれは、この土地出身の○○さんの曲ですよ」

「え、○○さんの出身ってここだったんですか!」

「そうなんです。まだ売れない頃は駅前の路上でよく歌っていましたよ!」

「見たことあるんですか？」
「何度も見ましたが、やはり当時から歌がうまかったですね」
「それはすごいですね〜」

最初はなかなか話に乗ってくれずにいましたが、最後の話題でヒットしました。もし最初の話題だけで臨んでいたら、寒い空気のままになっていたかもしれません。

このように、別に話術がなくても、アドリブができなくても、なんとかできる方法はあるものです。もちろん、それだけ手間はかかります。少し早く行動して、話題にするネタを探す必要がありますからね。それでも私にとっては、即興で話題をつなげる技術を習得するよりもはるかに楽で現実的な方法です。もう習慣化してしまったので、自然に見つけられるようになりました。

苦手なことを克服しようとするのではなく、他のルートでゴールにたどり着く方法を見つけるというのもアリなのです。

予備の話題を見つけておくと、さらに利点があります。たとえば、最初の話題でヒットしたら、残りはまだ使わない状態です。それは、後々役にたちます。

「そういえば、来るとき気になっていたんですが、やけに行列をつくっているラーメン屋を見かけたんですが、有名なんですか?」

「ああ、あそこね。結構有名ですよ」

「そうですか、このあと時間があるから寄ってみようかな」

「だったら、塩がおススメですよ!」

「塩ですか! ありがとうございます」

たとえば、帰り際に一緒に廊下を歩いているときや、エレベーターホールで待っているときなどの、ちょっとした隙間を埋めるための雑談ネタとして使えばいいのです。

とくに、ほんの数分だけど、黙っているのもなんだか不自然な「間」を埋める雑談として有効です。雑談のネタはたくさんあってもムダにはなりません。どんどんストックするクセをつけておくといいですよ。

心がけ⑫ 雑談のネタはたくさんあったほうが有利

あいさつも雑談の入り口になる

朝、出勤してタイムカードを押して、誰にでもなく「おはようございます」とボソッと言いながらオフィスに入り、自分の席に座ってパソコンを起動する。

もしあなたがこのような毎日をおくっているなら、ちょっとだけその習慣を変えてみることをお勧めします。

私たちが普段なにげなく使っている言葉に、「おはよう」があります。朝起きて家族と顔を合わせたら、当たり前のように出てくるセリフですね。それをうまく雑談に使おうというわけです。

いつもは「おはよう」だけで済ませていたところを、もう一言だけ加えてみます。

「おはよう。今日は暑くなりそうだね」

すると、相手からも、

「おはよう。そうだね、今日は上着がいらないかもね」

というように、返事が来やすくなるのです。

じつは、おはようなどの挨拶自体がとても便利な言葉なのです。もしこのような挨拶言葉が存在しなかったときのことを想像してみてください。

朝起きて、家族と顔を合わせる。そこで何を言えばいいのか一瞬考えてしまいます。そして言葉が見つからずに、そのまますれ違ったりもするでしょう。出かけるときも、「行ってきます」や「行ってらっしゃい」という挨拶が無かったら、黙ってスッと出かけいくことになりがちです。想像するだけで味気ないですよね。

挨拶言葉という決まり文句があるおかげで、誰かと会ったときの最初のセリフに悩むことがなくなっているのです。せっかく先人がこんなに便利なものを作ってくれたのですから、有効に使わない手はありません。

第一声の「おはようございます」は、相手を振り向かせる合図です。こちらの存在を知らせてお互いに顔を見合わせるきっかけになります。ですから、出社して誰にでもなく空気に向かって挨拶するというのは、とてももったいないことなのです。

あとは、そこに一言添えるだけ。この一言添えることを習慣づけると、朝の雑談がとても楽になります。

「おはようございます。今日は例のプレゼンの日ですよね」

（その日の予定などに触れる）

「おはようございます。あれ？　髪切りました？」

（相手の変化に触れる）

「おはようございます。今日はこれから雨になりそうですよ」

（天候の変化に触れる）

「おはようございます。駅前の工事、今日から始まるみたいですね」

（周辺の変化に触れる）

このように、挨拶のあとの一言を準備しておくクセをつけておくことで、スッと雑談に入ることができます。ぜひ、道を歩きながらでもまわりを観察して話題を見つける習慣をつけましょう。

会社などでは、とくに朝一番で会話を交わしておくことはとても大きな意味があります。

たとえば、朝から上司と何もしゃべらずにいると、いざ仕事の相談をしようと思ったときに、なかなか声がかけづらいという経験がありませんか？　私は新人の頃は、ろくに挨拶もできなかったので、そういうことがよくありました。話しかけようと思っても、うまくタイミングがつかめずに、席を立ったり座ったりしていました。

ところが、ある日、何かのきっかけで朝の会話をしたあとは、わりとスムーズに話しかけることができた記憶があります。それから意識して、朝の挨拶と合わせて会話をすることを心がけるようになりました。朝から誰ともしゃべらずに席に座っていたときと比べて、リラックスできますし、仕事もはかどるようになりました。

朝のちょっとした心がけひとつで一日が変わります。挨拶を有効に使いましょう。

心がけ13　挨拶のあとの一言で一日が変わる

雑談に必要なのは知識ではなく観察力

うまく雑談ができずに悩んでいる人の話を聞くと、よく出てくるのが、どうやって知識をインプットしているのかということがあげられます。

相手の話に合わせるときにもそれなりの知識が必要ですし、何か話題を提供しようとするときも知識があればいろんな話が楽にできます。もっと豊富な知識があればなあと、私もずっと思っていました。

とくに私の場合は、子供のころから一般常識が欠けていて、みんなが当たり前のように知っていることでも、いつも話についていけませんでした。おそらく好奇心が少ない子供だったのでしょう。いろんなことに関心を持つことがないので、ニュースでもなんでも見たことを記憶できないタイプでした。

こんな私のようなタイプの人間が、知識を蓄えようとするととても大変です。興味もない本や雑誌、そして映画を観たりしていた時期もありました。それはとても苦痛です。雑誌などもペラペラめくっているだけで、ちっとも頭に入ってきません。

しかも、知識といってもどこからどこまで必要なのかなどはわかりませんから、いったいいつまで読み続けなければいけないのかと、途方にくれることになります。さらに言うと、そうして得た（つもりになっている）知識が実際に役に立ったという記憶もありません。

はっきり言いましょう。雑談に知識は必要ありません。

よく、若手の営業マンで、年配のお客さまとの雑談に苦労している人を見かけますが、それは相手と対等の知識がないと会話ができないと思い込んでいるからです。そもそも年が離れた人と同じ知識を持つことなど不可能です。どんなに頑張っても追いつけません。

すぐれた雑談というのは、頭の中から出てくる情報ではなく、その場で見たり感じたりしたことを話題として出すものなのです。つまり観察力ですね。

準備する時間もなく人と会うということもよくあるでしょう。場所もどこかの喫茶店など、自分も相手もよく知らない環境で、話をすることもあります。

そんなときの雑談には、観察力で対応します。

「意外と安いですね、ここのお店」
(メニューを一緒に見ながら)
「たまにこういうところでパフェとか食べたくなるんですよ」
(デザートメニューを一緒に見ながら)
「ここは初めて来ましたけど、静かでいいですね」
(店内の雰囲気を見ながら)

このように、お互いに同じものが見えているというのがポイントです。見渡してみて、「おやっ?」と思ったり、「なぜ?」と感じたことを見つけて、それを素直に言葉に出すだけ。まあ慣れてしまえば簡単なのですが、習慣付けるまでがちょっと難しいかもしれません。

でもコツがあります。それは緊張しないでリラックスすること。緊張していると、目に入ったものでもそれに感情が向かなくなるのです。観察力を養うためには、鋭いまなざしではなくて平穏な心でいることが何よりも重要です。

この章では、雑談のネタの見つけ方などのお話をしてきましたが、そのすべてに言えることがリラックスして観察しなければ見つからないということです。ですから観察力を身に付けようと思ったら、初対面の人の前でも緊張しない自分でいられるように工夫することが第一です。

そのうえで、観察したものをネタ化するちょっとした練習をしてみてください。

ひとりで街をゆっくりと歩きながら（もちろんリラックスした状態で）、目に留まったものや感じたものについて、ブツブツと独り言を言ってみましょう。

「あれ、こんなところにケーキ屋さんがあったっけ？」

「こんなコンクリートの隙間に花が咲いてる！」

「ああもうクリスマスの季節かあ～」

歩きながら目についたものに感想を添えてみるだけで、それらすべてが雑談のネタに変わってくれます。こうして観察すればいつでもどこでも誰とでも雑談できるのです。もう苦労して興味の持てない知識を植え付けなくてもいいですよね。

心がけ⑭ リラックスすることが雑談ネタ探しの秘訣

第3章

相手に話してもらうための「質問力」を身につけよう

雑談の基本は質問から始まることを知っておく

クルマの運転をしているときに、「この先の交差点を左に曲がらなくちゃいけないから、その手前でアクセルから右足を離してブレーキを踏んで、スピードを落としてからゆっくりと交差点に近づき、ウインカーを左に出しながら左右の安全を確認して、ハンドルを左に切り始めて……」などと細かく考えることなどしませんよね。一連の動作をほぼ無意識に行っていると思います。

しかもそれらをいちいち脳で判断してやっているわけではなく、身体が勝手に動いているというのも、よく考えてみるとすごいことです。これができるのも、クルマの運転に関しては基本の動作ができているからです。基本があれば、あれこれ悩まなくても、スッと対応できるということですね。これは雑談も同じです。

おそらくあなたのまわりにもいるでしょう、雑談の達人が。こんな本など読んでも意味がないような人たち。彼らはいちいち「今度はこの話をして、その次にはこれを言って、軽く盛り上げてから、最後にドンと笑いに持っていこう」などと考えながらしゃべっているわけではありません。それこそ無意識のレベルで雑談しています。無意識ですが、なにも突飛なことをやっているわけではなく、きちんと基本に忠実にやっているのです。先天的に基本が身に付いているんですね。

私たちのような、雑談を苦手としている人は、この基本が身に付いていないことが多いのです。ですから、話しながらことあるごとに壁にぶつかって、そのたびに立ち止まったり悩んだりしてしまうのです。できれば、クルマの運転みたいに、スーっと自然に雑談ができるようになりたいですよね。

そんな雑談の基本中の基本がこの章のテーマである「質問」です。

今度、誰かが雑談しているのをよく聞いてみてください。質問をしてそれに答えるというパターンで、ほとんどの会話が動いているのがわかると思います。とくに新しい話題を出すときには、相手に質問するところから始まっているのが通常です。

なぜ、質問するのが基本なのか。

それは、会話が続きやすくなるからです。試しに質問しないパターンを見てみましょう。

「このあいだ、海に行ったんだ」

「あ、僕も先日海に行ったよ」

「あそう、で行きも帰りも渋滞にはまっちゃってさ」

「僕は電車で行ったから大丈夫だった」

「もう家に着いたのが夜中で、ヘトヘトになったよ」

「僕は、電車で寝ちゃって乗り過ごしちゃった」

なんか、お互いに自分のことばかりしゃべっていて、気持ち悪い会話ですよね。

では次に質問する会話を見てみます。

「このあいだ、海に行ったんだ」

「へえ、いいね。どこの海に行ったの？」

「湘南」

「なんかテンションあがりそうだね。クルマで？」

「そう、クルマで行ったんだけど、渋滞がひどくてさあ」

「まあこの時期はしょうがないよね。それはそうと誰と行ったの？」

これが質問を基本とした雑談です。この先も会話が続きそうですし、楽しそうですよね。

質問するというのは、相手に何かを聞きたいときです。相手にしゃべってほしいという意識表示なのです。そして何よりも相手に対して興味が無ければ、質問は出てきません。

また、人は質問されると答えようという心理が働きます。質問を無視しようとしても苦痛になってしまうのです。その意味でも、相手に質問すればしゃべってくれるようになるというわけなのですね。

雑談がうまい人というのは、この質問の仕方も上手です。そしてどんどん相手にしゃべらせています。

そんな質問力を身に付けるためのコツを、この章ではお伝えしていきます。

心がけ 15 雑談は質問が基本

聞き役に徹する

二人で会話をしているときに、どちらか一方だけがしゃべっていると、なんだかバランスが悪いなと感じたりしませんか?　私はいつも感じていました。そして口数が少ない私はいつも、相手にたくさんしゃべらせてしまって申し訳ない気持ちになっていました。

お互いに同じくらいしゃべらないといけないものだと思い込んでいたのです。

すると、どうしても相手の話に対して対抗してしまいます。

「今度パソコンを買い換えたんだ」

「そうなんだ、僕も先日買い換えたよ」

「あ、そう。で、かなり悩んで結局Ｍａｃにしたんだ」

「Ｍａｃいいよね。僕も前に使っていたけど、インターフェースが使いやすいんだ」

「そうなんだ……」

せっかく相手が気持ちよく話を始めたのに、なんだか話す気を無くさせてしまいました。

これから話そうとしているのに、いちいち話をかぶせてこられたら、誰でも面白くはないですよね。

また、これがエスカレートしてしまうこともあります。

「僕が前に使っていたMacは、今のに比べると当然スピードは遅いけど、当時は最速だったんだよね。値段もそれなりに高かったけどね。それを思うと、ほんと今の機種を買う人がうらやましいよ」

など、話の横取りをしてしまうと、もう最悪です。せっかく新しいパソコンを買った良い気分は、もう完全に消し飛んでしまうでしょう。当然ながら、話を横取りした相手に対して、良い印象を持つはずがありません。

私はこんな失敗を何度もしていました。

しかし、今では違います。相手がたくさんしゃべって、自分はほとんどしゃべらなくても平気でいられるようになりました。それは、相手がしゃべったほうが、結果、自分に有利に働くことを知ったからです。

むしろ意識して相手の方がたくさんしゃべるように心がけていました。すると自然に質問することが増えるようになりました。普通にしゃべるよりも、こちらが質問して相手が答える会話のほうが、圧倒的に相手がしゃべるようになるからです。

先ほどの例を質問主体にしてみると、

「今度パソコンを買い換えたんだ」

「いいね、新しくしたんだ」（話の主旨がわかるまで聞く姿勢でいる）

「うん、でね、思い切ってＭａｃにしてみたんだ」

「Ｍａｃにしたんだ！　いままでずっとＷｉｎｄｏｗｓだったの？」

「そうなんだ。初めて変えてみたんだ」

「へえ、どうなの？　使い心地は？」

「それがさあ、思ったよりしっくり来るんだよね。もっと最初は戸惑うかなと思ったけど、直感ですぐに操作できるようになったしね」

「良かったね。じゃあもう使いこなしてるんだ？」

「うん、とくにマニュアルも読んでないけど、一通り使えてるよ。なんかＭａｃユーザーが使い続ける理由がわかった気がするよ」

どうでしょう。相手もどんどん気持ちよく話しているのがわかりますよね。

相手がパソコンの話を切り出してきたということは、その話をしたいからに他なりません。その気持ちを察して、「その話、もっと聞きたい！」という態度を示せば、相手は間違いなく乗ってきます。その態度こそ、質問なのです。

質問したら、相手が答えてくれます。その答えに対してまた質問していくことで、話はどんどん深く広くなっていきます。そのときに大事なのは、相手の話をしっかりと聞くことです。相手の話に集中することで、次の質問が出せるようになるからです。結果、雑談が止まることはありません。むしろどんどん盛り上がります。

聞き役に徹しましょう。最後まで聞き続けていていいんです。無理に自分の話を割り込ませてはいけません。そのほうが雑談の効果は高まりますから。

心がけ16 自分よりも相手の話を優先しよう

相手が知っていそうなことから聞く

「サッカーについて詳しいですか？」

「いいえ」

「では、野球は？」

「ぜんぜん」

「では、スポーツで一番興味があるのは何ですか？」

「とくにないです」


結局相手は「Ｎｏ」しか言っていません。いくら質問すればいいとはいえ、これでは全く雑談になりませんよね。相手もきっとつまらない気分になっているでしょう。当たり前のことですが、どんなに質問されても、知らないことは答えようがないのです。

ですから、相手にしゃべってもらう質問には、条件があります。それは、相手が知っていそうなことを聞くことです。

2章で、相手に近い話題を使うという話をしました。質問も同じことが言えます。自分が知っていることではなく、相手が知っていそうなこと。自分が興味のあることではなく、相手が興味のありそうなこと。自分が詳しいことではなく、相手が詳しそうなこと。それを質問するのが、セオリーです。

たまに見かけるのですが、一応相手に質問しておいて自分がしゃべっている人がいますが、それは雑談をするふりをしながら自己満足が目的になっているに過ぎません。

「ねえ、今度新しく出たトヨタのスポーツカー知ってる？」

「知らない」

「これがまたカッコいいんだよ。昔の名車をモチーフにしているんだけど、かつての雰囲気を残しながら今風にアレンジされていてさあ。で、シートに座ってみたら、フィット感がものすごく良くて、クルマと一体化するってこんな感じなのかと思ったよ。それからエンジン音もいいんだよねえ。あれ、絶対に見ておくべきだよ」

「ふ～ん」

まったく興味のないことを、興奮気味で話されると逆に引いてしまいますよね。そんなこちらの気持ちも察することなく、延々としゃべられるとだんだん不快になってきて、「この人とは今後あまりしゃべりたくないな」と思ってしまいます。

相手と仲良くなりたいという気持ちがあるのなら、やはり相手が知っていそうなことを話題にするべきです。

そのためには、2章でお話しした「観察力」が不可欠です。

会社の上司のデスクに書類を届けに行ったときに、パソコンの横にかわいい猫の写真が飾ってあったのを見つけました。

「それ、部長のうちの猫ですか？」

「ああそうだよ。可愛いだろう！」

「可愛いですね～。これまだ子猫じゃないですか？」

「ちょうど6カ月のときの写真かな。いまはもう1歳になるけどね」

「ちなみに何ていう種類なんですか？」

「いや、雑種だよ。家の近くで鳴いていたのを拾って来たんだ」

「そうだったんですか。いい人に拾われて良かったですね～」

デスクに置いてある写真でしたら、興味がないはずがありません。他にも変わったペンを使っていたり、読みかけの本などを見つけて話題にすれば、たいてい答えてくれます。

このように相手のまわりのものを観察して、それについて「質問」というかたちで話題をふれば、自然に会話がつながっていくでしょう。

相手が知っていそうなことを聞くというのは、答えの速度にも影響します。できるだけポンポンとリズムよく会話のキャッチボールができるのが理想です。知っていることであれば、すぐに答えやすいですからね。

その意味では、最初のほうの質問は、できればYES・NOで答えられるようにしたいところです。先ほどの最初の質問も「部長の猫ですか？」というところから始まっていました。

ただし、会話のテンポは速ければいいというものでもありません。ときにはじっくりと返事を待つことも必要なのです。それを次でお話しします。

心がけ⑰ 相手の身近なことを質問しよう

質問したあとは沈黙して待つ

雑談が苦手という人に共通するもの。それは沈黙を恐れているということです。誰かと一緒にいるときに、何もしゃべることがなくて黙ってしまうあのいたたまれなさは、とてもいやなものですよね。その沈黙を回避したいからという理由で、雑談がうまくなりたいと思う人も多いはず。私もかつては沈黙が怖くてしかたがありませんでしたから、その気持ちはよくわかります。

私が営業をやっていた頃は、こんな感じでした。


「この商品についてぜひ感想をお聞かせください」

「感想ねえ」

「なんでもいいです。どんなに小さなことでもいいですから」

「う〜ん」

「もちろん良いことじゃなくてもいいですよ。悪い点などもお聞かせいただけるととても参考になりますので」

「……」

「まあ、例えば、手触りがいいとか、操作しやすいとかでもいいですし、逆に操作しにくいという感想でも構いませんよ」

「……」（いま考えているのに、ごちゃごちゃうるさいなあ）

自分が質問したことに対して、相手がすぐに答えてくれないと、当然ながら沈黙になります。その沈黙に我慢できずに、こちらからあれこれ口出ししたり、勝手に相手の答えを想定して言ったりしていました。相手としたら、急かされているような気持になり、落ち着いて答えられなかったでしょう。今さらながら反省しています。

会話のなかで沈黙になるときというのは、大きく分けて2つあります。

まず、最初のとっかかりのときに、何を話せばいいのか考えてしまい、そこで沈黙になるパターン。これは確かに焦りますし居心地が悪いです。でもうまく回避する方法があるということは、本書の1、2章でお話ししてきました。

そう、自分が話そうとするのではなく、相手に話してもらうことを基本にすればいいのでしたね。そのために、相手のまわりを観察して話題を探せば解決できます。

もうひとつは、今回の例のように、こちらから質問した後で相手が考え込んでしまうパターンです。次は相手が話す番になっているのですが、なかなか話してくれないと沈黙になってしまいます。

この場合にも解決方法があります。それは質問したらじっと相手の答えを待つ。ただそれだけです。この二つ目の沈黙は、一つ目のそれとは種類が全く異なります。

それは相手の頭の中です。質問したあとの相手は、どう答えようかと考えている状態なので、たとえその場が沈黙していようとも気になっていません。考えに集中すればするほど、沈黙の時間が増えますが、その分だけきちんとした答えが返ってきます。

ですから、よい雑談をするためには、その相手の思考を妨げるようなことをしてはいけません。かつての私のように、途中で口をはさんでしまうと、相手は考えることを止めてしまい、結果、答えも適当なものになったりするのです。それでは、会話は良い方向に進みませんよね。

うまい雑談はこうなります。

「この商品についてぜひ感想をお聞かせください」

「感想ねえ」

「なんでもいいです。どんなに小さなことでもいいですから」

「う〜ん」

「……」（じっくりと待つ）

「……」（答えを待ってくれるみたいだから真剣に考えよう）

そのあと、ようやく相手の口から出た言葉は、その商品についてじっくりと考えられた感想になっていました。とくに重要な質問をしたあとは、余裕の沈黙をすることで、相手に考える時間を与えましょう。

心がけ⑱ 質問後の沈黙は必要であることを知る

相手が答えやすい「3つの質問」を使う

質問をしたら沈黙して待つという理屈はわかった。でもやはり沈黙はいやだ。そう思うのは自然なことでしょう。できることなら、雑談中にお互いの黙っている時間は減らしたいものですよね。

そこでお勧めしたいのが、「3つの質問」です。これは、私が営業のヒアリング用に考案したもので、『相手が思わず本音をしゃべり出す「3つの質問」』という本にもなりました。

内容はとてもシンプルなのですが、その効果は抜群で多くの企業にも取り入れられているものです。私が研修で実際に行っている例を参考にご説明しましょう。

まず、参加者の一人を指名していきなり質問します。

「突然ですが明日のお昼は何を食べますか?」（未来の質問）

この問いかけに即答できる人はほとんどいません。それはそうですよね、明日のお昼ご飯のことを常に考えている人は稀《まれ》ですから。

そこで今度はこんな質問をします。

「では質問を変えます。昨日のお昼は何を食べましたか？」（過去の質問）

これには多くの人がすぐに答えてくれます。たとえば「かつ丼」としましょう。

「では、今日のお昼は何を食べましたか？」（現在の質問）

これも即答できますね。「カレーライス」としておきます。

そして最後にこう聞きます。

「昨日はかつ丼で今日はカレーライスとすると、明日のお昼は何を食べますか？」

このように昨日、今日、明日の順に質問していくと、

「そうですね、明日はちょっとあっさりした和食がいいですかね」

というような答えが出てきます。

人はこれから先のこと（未来のこと）をいきなり聞かれても、なかなか答えることができません。ですから答えに困ったり、考え込んだりしてしまいます。

そこで、まず以前のこと（過去のこと）を聞いて、次に今のこと（現在のこと）を聞き、それを踏まえたうえで未来のことを聞くようにすると、比較的スムーズに答えが出てくるようになります。これが3つの質問です。

営業マンがお客様に答えてほしいことは、将来自分が扱っている商品を買ってくれるかどうかです。ですからこんな質問になりがちです。

「こちらの機械を今後導入される予定はありますか？」

「この商品について、将来的にニーズはございますか？」

「この先、買い換える計画はありますか？」

どれも未来の質問ですね。つまりいきなりこんなことを聞かれても、お客様としては答えにくいのです。そこで、過去、現在と順に聞いていくことで、一番聞きたい未来の質問に対する答えを引き出しやすくするものです。

もちろん雑談で使っても効果があります。

そもそも過去の質問への答えというのは、すでに記憶にあることなので、思い出す作業だけで済みます。つまり答えやすいのですね。雑談において、答えやすいというのはとても重要です。もちろん、沈黙にもなりにくいというメリットもあります。

私は、話題が無くなったときや、沈黙になったときなどに、意識して過去のことを聞くようにしています。

「ところで、この仕事を始めたのはいつからですか？」

「以前はどんなお仕事をされていたんですか？」

「子供の頃からそんな性格だったんですか？」

当人が隠しておきたいことは別として、過去のことというのは聞かれてうれしいものなのです。そして自分の過去を聞いてくれた相手に対して、親近感がわいてきます。過去から現在、そして未来と質問を続ければ、話題は深く広く膨らんでいきます。そうなれば、雑談も気持ちよくできるようになるでしょう。

ぜひ、３つの質問を試してみてください。

心がけ⑲ 困ったときには過去の質問をしよう

質問を予告する

驚かせるつもりなら別ですが、人にいきなり話しかけてしまうと、思ったような反応はしてくれませんよね。

「最近読んだ本で面白かったものは何ですか?」

「えっ、何が面白かったって?」

急に話しかけられたり、いきなり何かを言われても、聞く準備ができていないと、聞き漏らしてしまったりします。とくに最初のほうの言葉が聞き取れないと、主語がわからないので意味が通じません。受け手は、キョトンとしながら、「この人はいきなり何を言い出すんだろう」と妙な気持ちになってしまいます。

いくら質問すれば答えてくれやすいとはいえ、質問自体が聞き取れなければ答えたくても答えられません。雑談も最初からつまづいてしまいます。

そこで、質問する前に、予告をしましょう。

「ちょっと伺いますが、（少し間を空ける）
最近読んだ本で面白かったものは何ですか？」

このように、いきなり質問するのではなく、これからあなたに質問しますよという予告のセリフを入れるのです。これは、相手の背後から近づいていき、トントンと背中をたたいて振り向いてもらうのと同じ効果があります。

このセリフを入れることで、相手に受け入れ態勢をとってもらうことができます。何か聞いてくるんだなと思えば、しっかりと質問を聞こうとします。もちろん最初から聞き漏らすこともありませんので、スムーズに答えも出てきます。

予告のセリフは他にもあります。

「少しよろしいでしょうか」

「ひとつ質問してもいいですか」

さらには、

「あの～」、「あのさ、」「ねえ、」

なども使えます。

この手法は、テレビの刑事ドラマなどでもよく見かけます。事件のクライマックスで、刑事が犯人に向かってよく言うセリフがこれです。

「ひとつお伺いしてもよろしいでしょうか？」

今度、テレビを観るときに、注意してみてください。よく出てきますから。

なぜよく出てくるかというと、「大事なセリフをこれから言うので、聞き逃さないでくださいね」と視聴者に対して伝えているのです。それを観ている人は、この刑事は犯人に対してどんな質問をするのだろうと興味をそそります。結果、チャンネルを変えることなく、視聴率に貢献するというわけです。その意味でも、人の注意を促すセリフと言えるでしょう。

あなたの普段の会話でも、ここぞというときの質問には、このような予告のセリフが有効です。相手はこのあとのあなたの質問への心構えができると同時に、真剣に聞いてくれるようになります。

そうなれば、当然、期待通りの答えも出てきやすくなるでしょう。

せっかく良い質問をしたとしても、相手が聞いていなかったり、聞く態勢になっていないのはもったいないことです。ぜひ、「これから質問しますよ」という予告をして、確実に相手に伝わる質問を心がけましょう。

心がけ⑳ 質問の前には、必ず予告のセリフを入れよう

「教わる」質問で気軽な会話ができる

小学生の頃の「質問」と言えば、授業中の先生に対するものが浮かびます。

そう、わからないことを教えてもらうときにも、人は質問という手段を使っていました。

この「教わる」質問は、普段の生活でも役に立ちます。

たとえば、女性と二人きりになってしまったとき。もちろん、二人きりになるのは、喜ばしいことですが、私のように根っからの口下手人間の場合は、ちょっと避けたい場面でもあったりします。緊張して何を話していいのかわからないことが多いからです。


「あの、これからどうしようか？」

「そうねえ」

「お腹空いてる？」

「べつに」

「あ、そう……、じゃあどうしようかなあ～」

緊張で、しどろもどろになりながら、こんな会話にもならない状況になっていました。そして結局は何の発展もないまま終わりです。いつも、目の前でつまらなそうにしている女性を見るのは、私としても心苦しいことでした。

男だから女性をうまくリードしなければいけないという思い込みもあったのでしょうが、自分が何かを話さなければとプレッシャーを常に感じていました。結果としてデートを楽しむどころかぐったり疲れてしまっていたのです。あなたは似たような悩みを持っていたりしませんでしたか？

そんなときこそ、教えてもらう質問を投げかけてみましょう。こんな風に。

「ねえ、料理とか得意だったりする？」

「まあ、苦手ではないけど、どうして？」

「昨日、腹が減ったんで冷蔵庫の余りもので野菜炒めを作ったんだけど、それがまずくて食えなかったんだ」

「ふ〜ん」

「で、正しい作り方を教えてほしいと思って」

「どうしたら野菜炒めをまずく作れるのよ（笑）」

「まず、野菜を○○して、それから……、という感じかな」

「それじゃあダメね。まず……、そして……、で最後に……、とすればいいのよ」

「なるほど、詳しいね〜」

「ちなみに玉ねぎの切り方にはコツがあってね、……」


いかがでしょうか。気持ちよく話している彼女の表情が目に浮かびます。人は誰かに「教えてほしい」と言われると、喜んで教えたくなるものです。優越感を得るということもありますが、人の役に立つということが満足度を上げているのでしょう。

相手が得意なことや、知っていることについて、教えてもらう質問を投げかけることで、気持ちよくしゃべってもらえるようになります。そのとき、話に興味を持って「ではこの場合はどうなの？」などと、どんどん質問していくほどに、相手はさらに気持ちよくしゃべります。さらに自分から教わる姿勢でいる人に対して、好感を持ち始めます。

このように異性に対してもそうですが、上司などの目上に人にも、この「教わる」質問は有効です。やはり自分を慕って教えを乞う部下はかわいいものですからね。

しかも、こちらから無理に話題を絞り出すよりは、はるかに楽しい会話になりますし、なによりも、自分から話す必要がありません。質問という話題を振って、あとは聞いているだけで、気軽で楽しい雑談になります。

人に教えてもらうというと、どうしてもプライドが邪魔をしてしまう人もいるかもしれません。でも、教わることで新たな知識が増えますし、相手からの印象も良くなります。そしてなによりも、あの気まずい時間を解消することができるのです。

これだけメリットがあるのですから、堂々と教えてくださいと伝えましょう。聞くのは恥でもなんでもないのですから。

心がけ21 教えてもらうことは、双方にメリットがある

素朴な疑問をそのまま伝える

　私はかつて、小さなデザイン会社を経営していたことがありました。と言っても、個人事業に毛が生えた程度のものです。仕事が増えてきたときに、新しくスタッフを雇うことにしました。そこで広告を出して、集まった応募者に対して面接をすることになりました。そのときの経験で面白いことを発見したので、ここでご紹介します。

　面接は、基本的に私が応募者に質問して、それに答えてもらっていました。まあ、どの会社の面接も同じだと思います。そして、一通り確認したいことが聞けたら、そのあとで「そちらから何か質問はありますか?」と聞くようにしていました。

　すると多くの場合はこんな質問が来ます。

「残業はありますか?」
「わからないことは教えてくれますか?」
「未経験ですが大丈夫ですか?」

まあ、当人たちが気になることを聞いてきているのでしょうが、私としては、「またか」という気持ちでした。そして、決まり文句のような返事を義務的に返していました。ありきたりな質問をされると、答えたくなくなるものだということを知りました。おそらく世の中の多くの面接官も、似たような気持ちだと思います。

そんな中でも、他の人とはちょっと違った質問をしてくる人もいます。

「将来は独立したいと思っているのですが、それでもよろしいでしょうか?」

「英会話が得意なのですが、それを活かせる場面はありますか?」

なかには、

「そこの本棚にある本のなかで、一番のおススメはどれですか?」

事務所の本棚を見て、こんな質問をしてくる人もいました。

どの質問も、私に答える楽しみを与えてくれました。答えがいがあるのです。そんな質問には、決まってたくさんしゃべっていました。そして、私に好印象を与えるのも、最終的に採用になるのも、その人たちだったのです。つまり質問の仕方が合否の決定打になっていたのですね。

良い質問にはひとつの特徴があります。それはオリジナリティです。独自性と言ってもいいでしょう。他者と同じではなく、その人独自のものになっているかどうかです。目安としては、その質問を別の人がしても通用するかどうかです。たとえば、「残業はありますか?」というのは、別の人が質問しても通用するので、オリジナリティがないということです。逆に、「将来独立したいけど、それでも大丈夫か」という質問は、別の人にはほぼ当てはまりません。つまりオリジナリティがある良い質問と言えるのです。

質問するときには、誰でも言える質問よりも、あなたしか言えない質問を心がけるようにしましょう。オリジナリティのある質問は、答える側にとってプラスに作用します。答えがいがあるので、気持ちよく、そしてたくさんしゃべりたくなるからです。

オリジナリティのある質問は、ある心がけをすれば簡単にできます。

それは、「素朴な疑問」です。「おやっ?」と感じたことをそのまま質問するだけで、あなた独自の質問になるのです。なぜかというと、自分の感情が込められているからです。質問に感情を入れるだけで、それはすなわちオリジナルの質問になるのです。

「この部屋って、その小さなヒーターだけで暖めているんですか？」
「そのスマホのケース、見たことないですけど、どこで買ったんですか？」
もちろん、先ほどの例の「そこの本棚にある本のなかで、一番のおススメはどれですか？」というのもそうです。

単に質問するだけでなく、このように感情を含んだ質問をするだけで、相手の反応が見違えるように好転します。面接のような重要な会話のときには、ぜひ意識して使うようにしましょう。

雑談は、こちらから質問することで、話題の場を創造することができます。雑談の中にタイムリーな質問を入れていけば、会話をコントロールすることも可能です。あなたの雑談の中に、質問を意識的に入れるようにしてください。

心がけ22 「おやっ？」という感情をそのまま質問しよう

第4章

相手がどんどんしゃべり出す「リアクション」

あいづちも会話の一部である

以前、私が大きな会場で講演したときに、ある初めての経験をしました。演壇に上がって客席を見ると、真っ暗で何も見えなかったのです。それまでは、わりと客席と近いところで行うことが多かったので、いきなり戸惑いました。

それでも、普段通りにやればいいと思い、話し始めたのですが、何かがいつもと違っていました。とても話しにくかったのです。さらに、私の話が予定時間よりもかなり早めに終わってしまいました。時計を見てギョッとして、そのあとは、何とか話題をつないで伸ばしましたが、ヒヤヒヤものでした。

なぜそうなってしまったのか？　それは客席が見えないことにありました。見えない相手に対して話をすることほど苦痛なものはありません。なんせ反応が見えないので、自分が言っていることが受け入れられているのか、それとも退屈なのかが、わからないのです。

いつもなら、受講者の反応を見ながら話を進められるので、うなずいていたり、メモを取っていたりするのを見て、安心できていました。ときに、客席に向かって疑問を投げかけたり、考えてもらう間を取ったりもしやすかったのです。その意味では、私は日頃から相手と対話をしている感覚で講演を行っていました。ですから、相手が見えないと、その間もうまくとれずに、結果として話のテンポが早くなってしまったのですね。

たとえ、こちらからの一方的な話の場とはいえ、相手の反応がわからないというのはコミュニケーションがとりづらいものだと知りました。

さて、この章ではリアクションについて解説していきます。相手のまわりを観察してよい話題を見つけ、それをうまく質問して、相手にしゃべらせることができたとします。でもそれを活かすも殺すもリアクション次第です。せっかく、相手が乗ってきたにも関わらず、こちらのリアクションがまずいと、会話もしぼんでしまいます。

逆にきちんとリアクションしていれば、どんどん雑談は盛り上がります。こちらは、あいづちをうっているだけで、相手が気持ちよくしゃべってくれる場が作れます。つまり雑談を続けようと思ったら、リアクションが必須ということですね。

では、そのリアクションの基本中の基本、あいづちについてお話しします。

小説とかで、こんな会話を見たことがありませんか？

「いいか、俺が合図したら一気に走るんだぞ」
「……」（不安そうな顔をしている）
「絶対に後ろを振り向くなよ」
「……」（うなずく）
「よし、出口で落ち合おう」
「……」（何度もうなずく）

言葉ではなく表情や動作で反応しているシーンです。一人だけがしゃべっているのですが、別に不自然ではありませんよね。これがリアクション（うなずき）だけでも会話が成り立つということです。文章中の「……」は無言の意味ですが、これも立派な言葉のひとつだということがわかります。

会話というのは、必ずしもお互いに言葉を発する必要はありません。対等にしゃべらなくてもいいのです。どちらか一方がたくさんしゃべっていても、もう片方がしっかりと受け止める合図をしていれば、それは会話なのです。

「うん」、「へえ」、「なるほど」、「そうなんだ」など、相手の話に反応する言葉をあいづちといいます。黙ってうなずくのもあいづちのひとつです。相手の話をうながしてさらにしゃべってもらうという、会話の潤滑油の役割をしています。

もし、あなたの雑談がすぐに止まってしまうとしたら、それはあいづち不足の可能性があります。自分では大いに納得していることでも、相手から見るとそれほどリアクションしていないと思われていることだってあるのです。

このあと、簡単で効果的なリアクションをご紹介しますので、活用してください。

心がけ23 会話はあいづちで続くことを知る

質問に答えてくれたらお礼をする

私は、たまにビジネス雑誌の取材を受けることがあります。テーマは「しゃべらない雑談の極意」、「無口な営業マンでもこうすれば売れる」、「気弱な人の処世術」など。取材は、インタビューアーがいろいろと質問して、私がそれに答える流れで行われます。その最中にカメラマンが撮影している場合もあります。

インタビューアーもいろいろな人がいます。こんな私でもノリノリで話が盛り上がることもあれば、反対に終始話がかみ合わずに重い空気になってしまうこともありました。

そんな重い取材を受けたときの会話を再現してみます。

「まず、サイレントセールスとはどういうものかをお聞かせください」

「そうですね、これには3つの柱がありまして、営業マンが余計なことをしゃべらない、相手にしゃべってもらう、そして言葉の代わりに資料などのツールで見せる、ということをサイレントセールスと呼んでいます」

「営業マンがしゃべらないほうが売れるというのは本当でしょうか？」

「本当です。営業が勝手にしゃべる説明など、お客様は聞いてくれません。それよりも相手のことを詳しく聞いて、相手の気持ちに沿った説明をすることが重要です」

「渡瀬さんは、リクルートでトップ営業だったとのことですが、そのいきさつを簡単にお聞かせください」

「いきさつを簡単にですか、ちょっと難しいですね」

「まあ、トップになった秘訣でもいいんですが」

「秘訣は、しゃべる練習をやめたことですかね」

「……」

「……」


このときの取材を受けながら、私は徐々に口が重くなっていきました。なんだか説明するのが面倒な気分になってしまったのです。そのときは、理由がわからなかったのですが、今でははっきりとわかります。

そう、相手のリアクションが無かったのです。質問したことに対して、私が答えました。

その答えに対して何のリアクションもなく、次の質問に移っていました。

相手が聞きたいことに対して私が答えているのですから、その答えに対してのお礼のリアクションが欲しいのです。せっかく質問に答えても、それに対してノーリアクションが続くと、答える気持ちが萎えてきます。

「この人、本当に聞いているのかな？　こちらの話に何の意見もないのかな？　それとも私の話がいまいちだったのかも⁉」

リアクションがないと、話し手を不安にもさせてしまうのです。頑張って答えても、受け入れてもらえないのなら、そんなに詳しく話さなくてもいいだろうと、言葉がどんどん少なくなっていきました。

私が想像するに、このインタビューアーは、聞きたいことを箇条書きにまとめてきていて、それをすべて聞くことに集中していたのでしょう。私の答えを聞きながら、心の中では次にこの質問をしようなどと考えていたのです。まあ取材中はＩＣレコーダーで録音しているので、私の話を人間が聞いていなくても大丈夫ではありますが。

ただ、私も生身の人間です。気分が良いときと悪いときとでは、話す内容も違ってくるのは当然です。せっかく記事にするのですから、より深い内容を引き出したほうがよい記事になるはずです。

あの取材で、私が話し終えたら、

「ありがとうございます」

「なるほど、そういうことだったんですね」

「その点について、何か体験談はありますか?」

このようなリアクションがあれば、私はもっと気持ちよく、そしてもっとたくさんの情報を提供していたでしょう。

質問して、相手に答えてもらったら、それに対してお礼をすること。これは礼儀であると同時に、会話をもっと活性化させる必須項目なのです。

心がけ24 お礼は次の質問の前にすべきこと

心の声を言葉にする

これは私のような物静かで無口な人にありがちなことなのですが、自分では思いっきり感動しているときでも、それが表に出ないことが多いのです。そもそも自分の気持ちを言葉や表情に出すことが得意でないうえ、むしろ柄じゃないとばかりに平静を装ってしまうこともあります。

中学生のとき、私は自分の意見を出すことを極力避けていました。先生が何か冗談を言ったときも、私はすぐには反応しません。クラスのリーダー的存在の子をチラッと見て、彼が笑っていたら私も笑うようにしていました。自主性がない子供だったのです。

そんなクセは大人になってもすぐには治りません。自分の素直な感情をどうしても抑えてしまうのです。

まあ、ひとりで映画を観に行って、感動したけど表情に出さないというのならいいでしょう。しかし、人の話を聞いて感動しているのに、無表情でいるのはとてもマイナスなことなのです。私もそれで随分損をしてきましたし、人に不快な思いをさせてきました。

かといって、大げさにリアクションすればいいのかというと、それも違います。わざとらしいのはかえって印象を悪くしてしまいます。

人は話をするときに、相手にある期待をしています。それは、話の内容にふさわしいリアクションです。

「この前買った宝くじが、１００万円当たってたんだ」
「えっ、ホント！」
「うん、びっくりだよ」
「すごいね、ほんとに当たるんだね、宝くじって！」

これが普通のリアクションです。

では、リアクションが乏しいとどうなるかを見てみましょう。

「この前買った宝くじが、１００万円当たってたんだ」
「ふ〜ん、そうなの」
「うん、たまたまだけどね」

「だろうね」

期待通りのリアクションをされないと、一気にテンションが下がります。せっかくとっておきの話題を出したのに、これでは盛り上がりません。「あ〜あ、こんな奴に話すんじゃなかったよ」と後悔していることでしょう。


もっと素直に驚いていいんです。何事にも動じない人間をわざわざ演じることはありません。心の声に素直になりましょう。と言ってもそれが簡単にできたら苦労はしません。

そこで、ちょっとした練習方法があります。ひとりでもできますが、気心の知れた人と一緒でもいいでしょう。家で映画を観る、ただそれだけです。

映画を観ながら、自分の気持ちをそのまま言葉にしてみる練習です。


「おっ」

「すげえ」

「ウソだろ！」

「おいおいマジかよ！」

できれば、リアクションしやすいアクションものやアドベンチャーものがいいでしょう。

これをやると、反応速度が鍛えられます。リアクションはスピードやタイミングも重要なので、映画を観ながらどんどんしゃべるようにしましょう。

最初のうちは小声でボソボソと言ってもいいですが、慣れてきたら自分の自然の声で言うようにしてみてください。実際の会話でのリアクションは、きちんと相手に届かないと意味がありませんからね。

そのあと、笑える映画を観て、大いに笑ってみましょう。そして、泣ける映画を観て、涙を流してください。私は子供の頃から涙をこらえるクセがあったので、テレビで感動のシーンがあっても、泣くのを我慢しがちでした。でも、泣ける映画で思いっきり泣いてみると、案外スッキリすることができました。やはり自分の感情には素直に従ったほうがいいみたいですね。

あなたもぜひ、相手の言葉に素直に反応してあげてください。その気持ちはきっと相手に伝わりますから。

心がけ 25 感情を我慢しないこと

驚きのリアクションで盛り上げる

テレビでよく見るリアクション芸人のように、イスから滑り落ちて驚きを表現することができたらいいですけど、やはりシロウトにはそんなに簡単にはできません。そこでシロウトなりの驚きのリアクションをしよう、という話です。

まず、前にもお話ししましたが、驚きのリアクションが必要なときというのは、相手が驚いて欲しいことがわかったときです。ただし、相手も話のプロではありません。当人の中では面白い話をしているつもりでも、聞いている側にとってはいまいち面白くないときもあります。それは話し方にも影響されてしまうことなので仕方がありません。

「昨日さあ、すごい面白いことがあったんだけどさ」
「なになに？」
「それがさあ、……で、……が、……だったんだよ。すごいよね〜！」

「そうなんだ！　それはすごいね～！」

（正直あまりすごさは感じないけど、ここは付き合いで驚いておこう）


こういうことって案外多いですよね。でもそれでいいのです。相手が「すごい話でしょ」と言うのなら、こちらも「すごい話だね」と受けること。とくに雑談のときには、このような気遣いが必要です。もちろん、素直にすごい話だと思ったら、そのままストレートにリアクションすればＯＫです。


相手がせっかく場を盛り上げようと、頑張ってしゃべっているのなら、多少のことには目をつぶって、一緒に盛り上げるようにしたいものです。

そんなときに、やってはいけないことが２つあります。

ひとつは、否定語を使わないということです。

彼女と一緒に映画を観たあとで、

「面白かったね～。途中で何度も泣いちゃったよ」

「でも、あのラストはちょっといただけなかったね」

映画を面白がっている相手に対して、批判的なことを言ってしまうと、話が白けてしまいますし、そこで途切れてしまいます。多少気になる部分もあったかもしれませんが、そんなときは、自分も面白いと感じた部分だけをほめて、一緒にプラスの話にするべきです。

否定語というのは、クセになっている人もいます。つい出てしまうのですね。とくに言葉の最初に、「でも……」、「だけど……」、「いや……」、「別に……」などを普段から多用している人は、気を付けたほうがいいでしょう。知らないうちに、場をつまらなくしていることもありますから。

そしてもうひとつは、理屈を言わないということです。

彼女と一緒に映画を観たあとで、

「面白かったね。ラストのどんでん返しがすごかったよね～」

「ただ、あれはちょっと設定に無理があったよ。あの主人公の性格からして、あんなことをするとは思えないんだけどな」

まあ、そこはいいじゃないですか。いちいち突っ込まなくたって。相手だってそんなことはわかっています。せっかく映画を一緒に観たのですから、もっと楽しい気分になりたいのです。そこに水を差すように、細かく分析しなくてもいいでしょう。

真実が必ずしも正しいとは限りません。多少のウソやごまかしが入っていても、盛り上げようとしているのなら、それにきちんと付き合うのも礼儀です。

ちなみに、これらのやってはいけないことは、じつは私がよくやっていたことでした。生真面目な性格なので、どうしても正確に話をしたくなってしまうのです。ですから楽しい雑談がいつの間にか議論のようになってしまうこともしばしば。相手にもつまらない思いをさせていました。本当に申し訳なく思っています。

相手が楽しい会話をしようとしているときや、あなたを驚かせようとしているとき。それを察して相手の期待に応えてリアクションするのも、雑談力です。そう考えると、雑談というのは、自分のしゃべり方というよりは、相手に対する気遣いなのですね。ぜひ、気配りのできる雑談を心がけてください。

心がけ 26 相手への思いやりでリアクションしよう

疑問のリアクションで掘り下げる

雑談を続けるコツは、ひとつの話題でどんどん膨らませていくことです。

なかでも、最も効果的なのは、話題の掘り下げです。話題が深くなっていけば、それだけ密度の濃い会話ができますし、お互いの距離も縮まります。

掘り下げるときにはコツがあるのですが、例で見ていきましょう。


「この間、クルマを買い換えたんだ」

「へえ、いいね。どんなクルマ？」

「前はスポーツカーだったんだけど、今度は7人乗りのワンボックスカーにしたんだ」

「いいよね、たくさん人が乗れる方が便利だからね」

「うん、まあね」

「でも今度はスピードが出ないから、物足りないんじゃないの？」

「まあ、それは言えるけど……」

「今度、みんなでドライブに行こうか」

「ああ、そうだね」


この雑談、なぜか盛り下がってしまいました。話題を振ったほうのテンションも下がり気味です。このままですと、クルマの話題はあっという間に終わりそうですね。

何がいけなかったかというと、掘り下げるべきところに気付かずにスルーしてしまったのが原因です。ポイントは、「変化」です。この会話のなかでの変化は、スポーツカーからワンボックスカーに乗り換えたという点。そこが掘り下げポイントだったのです。

そこで今度は、掘り下げる会話を見てみます。


「この間、クルマを買い換えたんだ」

「へえ、いいね」

「前はスポーツカーだったんだけど、今度は7人乗りのワンボックスカーにしたんだ」

「ふ～ん、どうして買い換えたの?」(←変化に対する疑問)

「じつは前のクルマだと手狭になっちゃってね」

「どうして？」（←掘り下げの疑問）

「うん、じつはね、今度子供が生まれるんだ」

「そうなんだ！　おめでとう。だから広いクルマにしたんだね」

「そうそう。しかも双子なんだ」

「双子なの！　それはまた、すごいね〜」

「うん、一気に家族が増えるんだ」

「いやあ、にぎやかになるね〜」


この人は、クルマの話題を持ち出してきたのですが、じつは別のことが言いたかったのでした。こういうことってよくあります。子供が生まれるとか、結婚するとか、昇進するなどのうれしいことというのは、照れくささもあって、少し遠回しに言ったりしますよね。

今回のクルマの話題というのは、その呼び水だったのです。

最初の例では、それに気づかずに、クルマの話題に食いついてしまいました。本当は子供の話をしたかったのに、別の話題に興味を持たれて困っていたのです。で、結局言いたいことを切り出せずに終わってしまうこともあります。

人が何か話を始めるときには、必ず言いたいことがあります。それをきちんと見極めて、それを促す言葉をかけてあげると、雑談は一気に深くなるのです。

そのためには、相手の変化に注目して、疑問をぶつけてあげましょう。コツは、相手が話し出しても、すぐに反応しないことです。今回の例では、クルマの話題にすぐに飛びつかないこと。そして買い換えたという変化に注目します。そこに疑問をぶつければ、本当に買い換えたクルマの話がしたいのか、それとも別の話題があるのかがわかってきます。

相手の話の中で、変化を見つけたときは、ぜひそこに疑問を投げかけてみましょう。

それこそが、「よくぞ聞いてくれました！」と喜んで話してもらえる可能性が高い部分なのです。

心がけ27 相手が言いたいことは何かを見極める

ボディランゲージで気持ちを伝える

リアクションは、何も言葉だけとは限りません。無言のリアクションもあります。そして言葉でない分だけ、よりリアルに表現できることもあるのです。

何度も言いますが、私はリアクションが苦手でした。とくにこの身体で表現するボディランゲージが大の苦手だったのです。大げさに手をたたいたり、ど派手なアクションで驚いたりすることがどうしてもできません。それは今でもできないことです。

そんな私でも、簡単にできるアクションがあるので、それをご紹介しましょう。ほんの小さなことですが、大きな効果があるので、ぜひやってみてください。

まず、驚きを表現するアクション、「のけぞる」です。

雑談をしていて、身体をうしろにのけぞることで、驚いていることを相手に伝えることができます。私はもともと身体を動かす表現ができませんでしたが、あることをきっかけにその効果を知りました。

以前、ラジオ番組に出演したときのこと。対談の相手はウルフルズのトータス松本さんでした。私は初めてのラジオで緊張していましたが、彼は終始リラックスしていました。

その会話のなかで、話が盛り上がると、「ホンマに！」などと言いながら、彼はイスに座ったまま大きくうしろにのけぞっていたのです。当然、マイクから離れてしまいますし、もちろんラジオなので、その姿は外には見えません。でも、あとで番組を聞いてみると、そのアクションをしたときに声が遠ざかるので、のけぞって受けている姿がきちんと伝わっていたのです。さすがだなと思いました。

それ以来、私は、驚いたときには、わざと後ろにのけぞるアクションをするようにしました。立っていてもイスに座っていてもできるのが利点です。もちろん、本来の雑談は面と向かって行うものですから、のけぞる姿は目の前で見えるのでより効果的です。

それほど大げさにやらなくても、軽く身をそらすだけでもいいので、ぜひ使ってみてください。

次は、興味を示すアクション、「のり出す」です。

相手の話に対して、「その話、面白そうだね。もっと聞きたい！」という気持ちを表現するアクションです。こちらは、お互いに座っているときに使いやすいもので、テーブル越しに相手に向かって身を乗り出す動作をします。軽く前に身体を動かす程度でも十分効果を発揮します。

これは、詳しい話を聞きたいときに、耳をそばだてるのと同じで、相手の話に強い興味があることを伝えることができます。話し手としては、自分の話をもっと聞きたがっている人に対して好感を持ちますし、さらに話したい気持ちにさせられます。雑談も当然盛り上がってきます。

無言でアクションしてもいいですが、そこに「それってどういうこと？」など、興味を示す言葉を加えると、より効果的です。

このように、身体を前後に動かすだけでも、大きなリアクション効果があります。ぜひ意識して使ってみることをお勧めします。

そして最後に、「目を見開く」をご紹介します。

目は口ほどにモノを言うということわざ通り、目だけでも相手に気持ちを伝えることが可能です。人は本当に驚いたりすると、黒目が大きく変化します。これは条件反射なので素直な身体の反応と言えます。つまりウソではないのですね。

話し手にとっては、素直に驚かれるのを見るのはうれしいものです。話しがいがあるというものです。

そこで、相手の話で驚いたときに、意識して目を見開いてみてください。これは慣れないとなかなかできないものですが、鏡を見て練習しておくといいでしょう。私は目の周りの筋肉に力を入れて、グッと注目する感じでやっています。

これをやってみると、相手の表情が変わるのがわかります。こちらの感情がストレートに伝わって、会話がどんどん膨らみます。

どれも小さなアクションですが、実践で使ってみて、その効果を実感してください。

心がけ㉘ 身体だけの反応は効果抜群

「ほめる」「欲しがる」を使う

この章の最後に、相手の気持ちをプラスにするリアクションをご紹介します。

雑談で、相手に気持ちよくなってもらうことができれば、その後の人間関係はもちろんのこと、ビジネス面でも有利に働きます。雑談のバリエーションも増えるので、ぜひ覚えておいて欲しい2つのリアクションを解説します。

まず、「ほめる」です。

これは、相手を気持ちよくさせるものの筆頭ですね。誰しもほめられるのはうれしいですし、双方にプラスに作用します。

ただし、なんでもかんでもほめればいいというものでもありません。ピントがずれているとわざとらしいと思われてしまいます。

とくに、相手がこだわっているものをほめるときには注意が必要です。

「そのネクタイ、いいですね！」

「ありがとう」（ほんとにこの価値がわかっているのかな？）

「とてもお似合いですよ」

「そうですか」

「柄も珍しいですね、どこかの有名ブランドなんですか？」

「ええ、まあ」（イタリアで買ってきたものだけど、この人はわかってないみたいだな）

これでは、本当の価値を知らないのにただほめているだけになっています。ほめるというのは、良さや素晴らしさを知っているからこそできる行為です。上っ面だけでほめても相手に通じないので気を付けたいところです。

この例のように、ネクタイをほめようとするのなら、全体ではなく部分的にほめるようにすれば大丈夫です。


「そのネクタイ、いい色ですね！」

「そのネクタイ、独特の模様ですね！」

ネクタイそのものの価値を知らなくても、部分的にほめることで変に詮索されることなく会話ができます。いい色と感じるのは本当のことなので、その言葉にウソはありません。本心でほめられていると感じれば、相手も気持ちよく応対できるでしょう。

友人の絵の個展に行くときなども、部分ほめは使えます。

「この絵はリビングに飾りたくなるね」

「絵の良し悪しはわからないけど、この色合いは好きだな」

専門家ではないので評価が難しいというときに、ぜひ使ってみてください。

もうひとつのリアクションは、「欲しがる」です。

私などは面と向かって相手をほめるのは、なんだか照れくさくてうまくできないことがあります。そんなときには、この「欲しがる」を使っています。

「奮発して腕時計を新しくしたんだ」（時計を見せながら）

「へえ、どれどれ、見せて！」（興味を示す）

「いいだろう、結構高かったんだぜ！」

「いいねえ、なんか重厚感があるね」（手に取って眺めながら）

「そう、実際に重いんだけど、でもそこがまたいいんだよね」

「いいなあ、これ。もらってもいい？」

「ダメだよ。ローンで買ったんだから」

「ははは、ウソウソ。でもホント、欲しいなあ」

「俺の宝物なんだからね」


価値がわからないけど、相手が自慢しているときなどで使えるワザです。知識がないのでどこをほめていいのかわからないときには、ぜひこの「欲しがる」を使ってみてください。もちろん冗談で言っているのですが、それだけで相手の表情はうれしい顔になりますよ。

このように、相手を気持ちよくさせるリアクションをいくつか覚えておくだけで、とっさのときに役に立ちます。普段から意識して使うようにしてみてください。

心がけ29 相手が喜ぶリアクションを知っておく

第5章

雑談で困ったときの対処法

知らない人ばかりの立食パーティーに出席

　ここまでの章では、雑談の心構えから個々のコツについてご紹介しました。もちろんそれだけでも十分使えるものですが、この章ではそれらの応用例を解説します。実際に雑談で困りがちなシチュエーションを具体的に見ていきましょう。

　まずは、立食パーティーでの雑談です。


　私は、この立食パーティーが大の苦手でした。もちろん今でも得意ではありません。華やかな雰囲気のなかで、優雅に立ち回って、スマートな会話をする。そんな芸当など私には到底無理です。

　でもせっかく参加したからには、少しでも多くの人と話をして自分の仕事につなげたいという思いで、頑張って知らない人に話しかけていました。

「あの、私、こういう仕事をしているのですが、何かありましたらよろしくお願いします」

　そう言って、名刺を渡すだけの作業を繰り返していました。とくに新しい仕事を始めたばかりの頃は、いろんなところに顔を出して売り込もうとしていたのです。そうして一通り名刺を配り終えると、ひとりで隅の方で黙々と食事をしていました。いま思えば、痛々しい行動でしたね。そして、結局は仕事につながったことなどありませんでした。

今では、あまり自分とは縁のなさそうなパーティーなどには出ないようにしています。無理して出たとしても、仕事につながらないことがわかったからです。

ただ、それでも付き合いで参加することはあります。そんなときでも、自分の行動を決めておけば、比較的落ち着いて、そして次につなげることが可能です。

知らない人ばかりの場に参加したときでも、その主催者や紹介してくれた人くらいは知っているはずです。それはまわりの参加者たちも同様です。私はまずそれを共通の話題として使います。

ひとりで来ていそうな人を見つけて声をかけます。

「はじめまして、主催の○○さんとはお知り合いなんですか？」

「はい、仕事仲間です」

「そうなんですか、私も仕事でお付き合いがあって参加しました」

「そうですか、どんなお仕事なんですか？」


このように、主催者との関係を話題にして、自分との共通点を探すようにしています。

ほかにも共通点としては、その場に参加しているということがあげられます。


「このパーティーには何がきっかけで来られたのですか？」

「○○さんの紹介です」

「そうでしたか、私も○○さんとは別のパーティーで一緒になったことがあります」

「そうですか、顔が広い方ですからね～」

「○○さんとは親しいんですか？」

「たまに仲間内と飲みに行ったりする仲です」

「いいですね。今日はまだ見かけないようですが、来られていますか？」

「さっき見かけましたよ。一緒に探してみますか」

「そうしましょう」

パーティーに参加する人は、それぞれきっかけがあります。そのきっかけから共通の話題を探すと何かしら見つかるので、私はいつも使うようにしています。

そして、私が心がけているのは、大勢と名刺交換をするよりも、ひとりでもいいので、次に会ったときに話ができるような相手を見つけることです。プライベートでもビジネスでも構わないので、知り合いをひとり増やすための場と位置付けるようにしました。ですからずっと一人の人とだけ話していたこともあります。

すると、変な気負いもなくなって、自然体で話ができるようになりました。あのいたたまれないような心地悪さも消えて、落ち着いていられるようになったのです。

大勢と話をしない。そしてひとりとじっくり話をする。そう決めてしまうと案外深い話ができて、その後につながりやすくなりますよ。

心がけ30 共通の知人を探して話題にする

苦手な上司と飛行機で二人きりになったとき

私が前に勤めていた会社では、よく出張がありました。新しく立ち上げたばかりの小さな部署だったので、東京から全国に飛び回っていたのです。たいていは、ひとりで新幹線や飛行機に乗って出かけるのですが、たまに重要な商談があるときには、上司が同行することもありました。その当時のことを思い出しただけでも息苦しくなります。


「あの、窓側の席のほうがいいですか?」

「いや、こっちでいいよ」

「そうですか。……あ、荷物はこちらの足元にも置けますけど、大丈夫ですか?」

「大丈夫だ」

「そうですか。……」


年上の人と話をするのが苦手だったので、何を話せばいいのかわかりませんでした。かといって、黙っているのも気持ちが悪いし、勝手に本を読み始めるわけにもいきません。結局どうでもいい話をぶつ切りにしながら時間が過ぎるのを待っていました。そんなときは、到着までが長く感じるものです。緊張しっぱなしでいつもヘトヘトでした。

今ならどんな話をすればいいのかわかります。3章でお話しした「過去の話」をすればいいのです。たとえばこんな感じです。


「前から伺いたかったのですが、部長は最初から今の会社に勤めていたんですか？」

「いや、最初は別の会社にいたんだ」

「そうだったんですか。前はどんな仕事だったんですか？」

「商社で貿易事務をやっていたんだよ」

「えっ、本当ですか！　営業じゃなかったんですか」

「そうだよ。営業はこの会社に来てからなんだ」

「では、この会社では営業初心者だったんですか？」

「まあ、そうなるね」

「もう少し詳しく伺ってもいいですか」

ここまでくれば、もう話題が尽きることはありません。前職の話や、なぜ転職したのかについて、なぜ営業になったのかなど、芋づる式に話題が出てくるでしょう。とくに年配の人に対しては過去の質問が有効です。人生経験がある分だけネタもたくさん持っています。

しかも、過去の質問には、相手への興味を示す意味があります。自分のことを興味深く聞いてくる部下に対して、愛着がわかないわけがありません。苦手な上司との距離をグッと縮めるチャンスにもなるのです。

さらにいうと、上司が営業初心者からどうやって部長にまでなったのか、その秘訣を聞くこともできるので、自分の勉強の場にすることもできます。まさに一石二鳥にも三鳥にもなるのです。

そしてこれは、飛行機や新幹線以外の乗り物でも使えます。たとえば、タクシーなどの車で移動しているときや、電車に乗っているときでもＯＫです。

また、上司に飲みに誘われたときにも、ぜひ過去の話題を使ってみてください。上司が思いのほか気持ちよくしゃべってくれると、いつもは緊張しっぱなしの場面でも、こちらもリラックスして話をすることができます。

上司の子供の頃の話や、学生時代のエピソード、恋愛の話まで発展してもいいでしょう。話が乗ってくれれば、こちらの悩みを相談するのもアリです。

そうなると、それまでギスギスした関係だったとしても、過去を共有することで気心が知れた間柄になれます。翌日からの仕事のやり取りやちょっとした会話も、きっとスムーズにできますよ。

雑談で困ったときの過去の話題というのを、ぜひ習慣にしてください。

心がけ 31 上司との会話に困ったら、過去の話題が最適

エレベーターで社長とはちあわせ

狭い空間に誰かと二人きりになるシーンは他にもあります。乗り物などで一緒になるときは、ある程度予測ができるので、それなりの対策や準備（心の準備も含めて）ができます。しかし、社内のエレベーターのように、突発的に誰かと二人きりになってしまうときには、どうすればいいのか悩みますよね。

私も、かつての会社で、社長と二人きりになってしまったことがあります。

閉まりかけのエレベーターに急いで乗り込もうとしたら、そこに社長が一人で乗っていたのです。まずいと思って、一瞬降りようかと思いましたが、それはそれで不自然ですし、失礼にもあたります。しかたなく、一礼して乗り込みました。室内は異様な緊張感に満たされました。

「……」

「君はたしか営業一課だったね」
「はい、そうです」
「齋藤君の部署だったかね」
「はい、そうです」
「……」
「……」

せっかく声をかけていただいたのに、緊張して「はい、そうです」しか言えませんでした。しばらくして、社長は「じゃあ頑張って」と優しい言葉を私に残して、目的階で降りて行きました。私は、緊張が解けてホッとしたのと同時に、後悔しました。どうしてもっと気の利いたことが言えなかったのだろうかと。せっかくのチャンスだったのに、もっと自己アピールして好印象を与えられれば、将来有利になったかもしれない。

とっさのアドリブにめっぽう弱い私ならではの苦い経験でした。

しかし考えてみてください。たとえば、瞬時に社長に対して何か提言ができたとしても、エレベーターの中というのは、あまりに時間が限られています。話の途中でどちらかが下りることになったら、それはそれで中途半端です。また途中で誰かが乗り込んで来るかもしれません。するとそこで話が途切れる可能性もあります。同じく中途半端に終わりますよ。

さらに言うと、エレベーターというのは、二人だけの個室と違って、ある意味で公共の場です。それほど込み入った話をするところではないのです。

そのようなことを考えると、何も無理して会話をする必要はないと私は思うのです。雑談の本の中で、話さなくてもいいという結論は、少々乱暴に思われるかもしれませんが、雑談すべき場ではないところで、あれこれ気をもむのも不健康なことですよね。だとしたら、エレベーターは雑談しない場所と決めておいてもいいでしょう。

たまに、エレベーターに乗り込んだときに、大きな声で雑談している人を見かけることがありますが、あまり良い印象を持ちません。やはり公共の場では静かにしているのがマナーと言えます。

理想的な振る舞いはこんな感じです。

「あ、社長、お疲れさまです」

「ああ、お疲れさま」

そして操作パネルの前に静かに立ちます。

社長が下りる階に止まったら、「開」ボタンを押して待ちます。

「じゃあ、お先に」

「はい、失礼します」

軽く会釈してドアを閉めます。


これでいいのです。とくに会話などしなくても、堂々と落ち着いて礼儀正しい社員という印象を与えることができます。少なくとも、あたふたと緊張している姿を見せるよりは、はるかに良いと思いますがいかがでしょうか。

心がけ32 エレベーターでは雑談しない

あこがれの異性とデートで緊張

私の数少ない体験から言いますと、デートのときはたいてい映画を観ることにしていました。理由は、観ている間は何もしゃべらなくて済むからです。

とくに、初デートのときなどは、自分で誘ったにもかかわらず、正直言ってできるだけ会話をしないで済ませたいと思っていました。いやもちろん、一緒にいたい気持ちはあるのですが、二人で何をしゃべったらいいのか悩んでいて、いつも緊張していたのです。

そしてその日のデートが終わって別れると、ホッとしている自分に気付いて、自己嫌悪に陥ったりもしていました。

たとえば、映画を観終わって喫茶店でコーヒーを飲んでいるとき。

「うちのクラスに○○君っていうのがいて、そいつが面白いんだ。この前もさあ、……で、……とか言うんだ」

「面白いね」

「……。あ、それから△△君っていうヤツは変わっていてね。いつも、……なんだよ」
「変わってるね」
「うん、ほんとに変なヤツらばかりなんだ」
「そうなんだ」

こっちはもう必死で、面白そうな話題を思い出しては話すことの繰り返し。そうして振り絞った話題は、クラスの人間の話ばかり。しかも口下手な私は、その面白さをうまくしゃべれずに、余計に焦っているありさま。そして、ちょっとでも沈黙になると、またあわてて脳をフル回転させていました。

これでは疲れて当たり前ですよね。デートってしんどいものだとずっと思っていました。せっかくあこがれの女性とデートができたとしても、次に誘う元気もありません。そうしていつも、付き合いは単発で終わってしまいました。

きっと、相手にも、「この人の話はつまらないな」と思われていたに違いありません。自業自得です。

でも今では緊張することなくリラックスして会話ができるようになりました。たとえどんな美人と一緒になったとしても（あくまでも仮の話ですよ）。

デートの雑談で緊張してしまう原因は、何か面白い話をしなくてはいけないという強迫観念からくるものです。でもそれがうまくできないでいると、焦りが出て緊張してしまうのです。その結果、本来は楽しいはずの場が、苦行のような感じになるのです。

そのようなときは決まって意識が自分に向いています。自分が何をしゃべるかということに集中してしまっているのです。

自分基準の面白い話題。自分が知っている話題。自分が話しやすい話題。

これらを考えているうちは、いつまで経っても苦行から抜け出すことはできません。

デートをしながら相手に何を伝えるのが理想でしょうか？

「この人の話は面白い」ということを伝えたいのなら、面白い話題をたくさん話せるようにしておけばいいでしょう。

でも、「この人と話をするのは楽しい」と思ってもらいたいのなら、視点を変える必要があります。それは、自分主体から相手主体へ意識を向けることです。

「子供の頃はどんな性格だったの？」
「昔からどんな音楽を聞いてたの？」
「最初に感動した映画は？」

相手のことを聞いて、それを話題にするのです。そのときに、「過去の質問」で聞くのが有効です。相手への興味を示す意味があるので、好感を持ってもらえます。また、基本的に相手の話を聞くことになるので、気持ちよくなってもらう効果もあります。

私は、自分の頭の中から話題を出そうとすることをやめて、相手のことを聞く雑談に切り替えたことで、人と会話をすることに苦痛を感じなくなりました。このことにもっと早く気付いていていたら、私の人生も変わっていたかもしれません。

あなたもぜひ、「一緒にいて楽しい人」になってください。

心がけ33 面白い話などしないほうがいい

無口な人と一緒になったら

私が営業マンだった頃、一番苦労したのが無口なお客様との会話です。ただでさえ営業に対して、お客様は口を閉ざしがちなのですが、さらにしゃべってくれない相手というのはとても困りました。

こちらから何か質問しても、ずっと考え込んでしまい、なかなか答えてくれません。その長い沈黙に耐え切れずに、またこちらがしゃべってしまうことの繰り返し。何を考えているのかわからないまま、商品説明を勝手にしていたこともありました。もちろんそれでは売れないどころかコミュニケーションもとれません。どうしたらいいのか悩んでいましたが、あるときその解決法を見つけました。

私も人のことをとやかく言えないくらいに、無口な人間です。そんな私がインタビューを受けていたときのこと。

「何か営業で悩んでいる人に向けてメッセージをいただけますか？」
「メッセージですか？」
「はい、なんでも結構ですので」
「う〜ん。……」（考え中）
「アドバイスみたいなものでもいいですよ」
「そうですねえ……」（考え中）
「例えば、お客様に断られたときの対処法とか」
「………」（考え中）
「または、好印象になる話し方などでもいいですけど」
「………」（思考停止）

私が考えている最中に、あれこれ口を出してくるので、途中で考えるのを止めてしまったことがあります。思考が定まらなくなってしまったのです。結局、当たり障りのないことを適当に答えてしまいました。じっくり考えようとしているのに、次々に情報を入れられると答えにくいと感じたのです。

あれ？　これって以前自分が営業マン時代にやっていたことと同じじゃないのか？

そうです、私もかつては無口なお客様相手に、質問したあとの沈黙を嫌って、こちらからしゃべっていたのでした。あのときお客様は、真剣に考えてくれていたのかもしれない。それを私があれこれしゃべってしまったせいで、答えられなくなっていたのかも。


では、私がインタビューを受けていたときに、どうしてほしかったのかを想像してみると、じつにシンプルな答えが出てきました。それは、「黙って待っていてほしい」というものです。質問についてじっくり考える余裕をもらえると、落ち着いて答えを出すことができます。早く答えるように急かされたり、待ち切れずにしゃべられたりすると、気が散ってしまい、かえって答えられなくなっていました。

これは、性格も影響しています。私自身がそうなのですが、無口な人というのは、決してしゃべりたくないというわけではありません。ただ、慎重すぎる性格のせいで、答えに迷っているのです。

「この答えでいいのかな、それともこっちのほうがいいかな」

「相手の期待に応えるためには、もっと別の答えのほうがいいかもしれない」

「これを言ったらバカにされるかもしれないから、止めておこう」
「こういう言い方をすると、相手に失礼かもしれないな」
こんなことを、頭の中で考えているのでなかなか答えが出せないのが実際のところです。ボーっとしているように見えて、脳はフル回転していることが多いのです。

ですから、無口な人に対しては、相手がしゃべり出すのをじっくりと待ってあげてください。待っているから焦らずにゆっくり考えていいですよ、という態度で黙っていること。そうすると、安心してしゃべることができます。そして、「この人はしゃべりやすいな」と思わせることができると、意外なくらいにしゃべり始めるものなのです。

ゆったりと相手のペースに合わせてあげるのが、無口な人との雑談には欠かせないコツです。

心がけ 34 質問したら相手がしゃべるまで待つ

しゃべり過ぎる人との会話を打ち切りたい

しゃべってくれない人も困りますが、逆にしゃべり過ぎる人も困ります。最初のうちはよくしゃべってくれるのをありがたく思っているのですが、あまりにしゃべりが止まらないでいると、こちらも焦ってきます。

「どうしよう、話がとまらないで、どんどん広がっていく」

「このあと別の予定が入っているのに、この調子だと間に合わなくなるぞ」

「どうにかして切り上げたいのだが、タイミングが難しい」

こんなことが頭をよぎります。でも途中で話を止めてしまうと、気を悪くするかもしれないので、慎重にやらなければなりません。私は、人の話に割り込むことができない性格なので、いつもずっと聞かされ続けていました。なんとかうまく話を止める方法はあるのでしょうか。

私はセミナーなどで、雑談は相手にしゃべらせたほうがいいということを強調して伝えています。すると、必ずと言っていいほどこんな質問が来ます。

「相手がしゃべり過ぎる場合はどうすればいいのですか？」

そう、実際に多くの人がしゃべり過ぎる相手に困っていたようです。

それに対しての私の答えがこれです。


「最後までしゃべらせなさい」


私自身、話好きの人にどう対応したらいいのかを考えた末に出した結論です。

話の長い人につかまってしまうと、どうしても、「話が長いなあ、早く切り上げたいなあ」と思ってしまいますよね。そんなときは、相手の話を聞きながら、頭の中では別のことを考えていたりします。つまり、上の空状態になりがちなのです。

目の前の人が自分の話を聞いていないときというのは、たいていわかります。あいまいな返事をしていたり、あいづちが適当だったりするので、「この人、話を聞いてないな」と気づきます。すると話のテンションが下がって、相手に対する親近感も薄れてしまいます。

つまり雑談しながら、話に集中していないでいると、心が離れていくのです。

そもそもの雑談の目的が、和やかな会話をして相手と親しくなることだとしたら、逆効果になってしまいますよね。相手の話をどこかで切ろうと考えていると、雑談している意味がなくなり、それまでの時間も無駄になるということです。

では、長い話に集中して聞くとどうなるでしょうか。相手はどんどん気持ちよくしゃべります。そしてさらに長くなるかもしれません。

しかし、それと引き換えに大きなものを相手に与えることができます。

それは、「この人は、人の話を良く聞く人なんだなあ。信頼できそうだなあ」という情報です。この信頼感を与えるというのは、そう簡単なことではありません。私を信頼してくださいとどんなに強い口調で言っても、伝わるものではないのです。

それよりも、人の話を真剣に聴く（「聞く」よりも強い意味）姿勢を見せることで、何も言わなくてもきちんと伝わります。話しやすい人、信頼できる人。そんな評価をされるようになれば、その後の付き合いもうまくいくでしょう。

こちらから何か話をするために会いに行っていたとしてもいいのです。その日は、相手の話を聴いただけで帰って来たとしても、次に会える土壌がしっかりとできています。あらためて会いに行けばいいだけのこと。

たとえ、相手の話をさえぎって、こちらの話をしたとしても、おそらく相手の心には伝わらないはずです。反感を買ってまで話して、伝わらないくらいなら、最初から話すことをあきらめて、相手の話に集中したほうが、はるかに得策だと思いませんか。

もちろん、次の用事が控えているなら、それを素直に言って切り上げる必要はあります。でも時間が許すのなら、最後までしゃべらせてあげましょう。それを聴いている時間は、決して無駄なものではないのですから。

心がけ 35 聴く姿勢を見せるだけでいい

第6章

雑談だけで自己アピールできることを知っておこう

「人の話をきちんと聞くタイプである」を伝える

さて、いよいよ最後の章になりました。私は、そもそも自分が苦手だった雑談について試行していくうちに、あることに気付きました。それは、たかが雑談ではなかったということです。雑談には、単にその場の空気をやわらげるだけでなく、もっと重要な役割がありました。

それが自己アピールです。この章では、具体的なアピールポイントを順に解説します。雑談を通して自分をうまく表現できることを知ったとき、雑談の精度が飛躍的に向上しました。ぜひそれをあなたも体験してください。

人を判断するときに、会話を使う手法は昔から行われてきました。その代表的なものが面接です。学歴や適性テストの結果は資料を見ればわかりますが、その人物の「人と成り」は、やはり実際に会って話をしてみなければわかりません。

雑談というのも会話のひとつです。表立っては、意味のない会話という位置づけですが、現実として、無意識のうちに人を判断する手段にも使われています。

初対面の人と雑談をしているときに、こちらの話はろくに聞かないくせに、自分の話ばかりをしたがる人を見てどう思うでしょうか。あまり好感は持てないですよね。それがあまりにひどいと、また会いたいとは思いませんし、連絡を取り合ったりもしないでしょう。ビジネスの場だとしたら、今後の付き合いにも影響が出てしまいます。

たかが雑談とはいえ、相手に与える印象は決して小さいものではありません。

これは5章の最後でもお話ししましたが、相手の話を聞く姿勢というのは、とても重要な自己アピールになります。きちんと相手の話を聞き、それを理解していることを示せば、「この人は、きちんと人の話を聞くタイプだ」ということが伝わります。

この「人の話を聞く」というのは、コミュニケーションにおけるもっとも大切な要素です。

近年の多くの企業が学生に求めている筆頭が、コミュニケーション能力と言われています。ここで言うコミュニケーション能力とは、言い換えると「人の話を聞く力」のことです。

上司からの指示を理解すること。お客様が求めていることを理解すること。人の話をきちんと聞く能力がなければ、理解もできずに仕事に支障をきたします。多くの企業は、学生に対して、このようなある意味で普通に会話ができる人を求めているのです。

ですから、面接官は、応募してきた人に対して、いろいろと質問をすることでその能力を見ようとしています。決して正確な答えや、模範解答を聞きたいわけではありません。

質問をきちんと理解して、受け答えができるかどうかを見ています。

たまに、少しくだけた質問をする面接官もいますが、それはふざけているわけではなく、どう対応するのかを観察しているのです。

「いままで観た映画の中で、一番感動したものは何ですか？　そしてどこに感動したのかを簡潔にお聞かせください」

これは、今でも覚えていますが、私が学生の頃に受けた面接で質問されたものです。

この質問に対して、私は簡潔に説明することができずに、映画のあらすじをわりと長めに話していました。すると途中で、面接官から「もっと手短に」と指摘されて、テンパってしまった私は、その後もずっとあらすじをしゃべってしまいました。

当然、面接は失敗です。不合格でした。

私は質問されたことに対して、できるだけ正確に答えようとしていました。そのためにより細かく説明しないとダメだと思っていたのです。

しかし、面接官が知りたいのは映画のあらすじなどではなかったのですね。私がどう対応するかを見たかったのです。あたふたしながら相手の要望に応えられなかった私には、「人の話を聞けないタイプ」という烙印が押されました。

雑談のときに、相手の話をきちんと聞く。ただそれだけでも人間として大事な要素を相手に伝えることができるのです。「自分は人の話をきちんと聞くタイプの人間ですよ」ということを意識するようにしておきましょう。

心がけ36 コミュニケーション能力＝集中して聞く力

「よく気がつく人間である」を伝える

人を評価する基準に、「気がつく」とか「気が利く」というものがあります。彼はよく気が利くなあ、というようなプラスの意味で使われます。

この評価、まず仕事上ではとても重要なポイントになります。気が利く人とは一緒に仕事をしていてもやりやすいですし、細部に気づきやすいのでミスも減ります。そして何よりも頼りになります。

逆に、気が利かない人というレッテルを貼られてしまうと、たとえば営業マンならお客様から選んでもらいにくくなるでしょう。「あいつは気が利かないから、別の担当に替えてくれ」などと言われたら、社内での評価も悪くなります。

できれば、まわりの人に「気が利く」という評価をされたいですよね。

それを雑談で表現できるのです。

2章の「観察力」のところでもお話ししましたが、相手のまわりを観察して話題を見つける行為というのは、「よく気がつく」ことの表現でもあります。


「あれ、いつものネクタイと感じが違いますね？」

「おお、鋭いな。これは娘のプレゼントなんだ」

「そうだったんですか。やはり若いセンスで選ぶと違いますね～」

「大丈夫かな。少し変じゃないか？」

「似合っていますよ。ちなみにその模様は猫の足跡ですか？」

「そうなんだ。娘が大の猫好きでね」

「いいじゃないですか。そういう遊びゴコロもアリだと思いますよ」


上司のネクタイに気づいて話題にしているシーンです。この雑談で、上司は「こいつは良く気がつく人間なんだな。これなら客先に一人で出してもうまくやれそうだ」と判断しているかもしれません。私はとても気がつく人間ですよ、などと自分で言う人はなかなかいませんし、信じられませんが、こうして雑談を通して伝えることは可能なのです。

「あなたに興味を持っている人間である」を伝える

人に話しかけるということ。それは少なからず相手に興味があるという合図です。

学生時代に、それまで存在くらいしか知らなかった女子から手紙をもらったことがありました。もちろん好意の手紙です。少し戸惑いましたが、それから私も興味を持って接するようになりました。こういうことってありますよね。

自分に興味を持ってくれる人に対して、こちらも興味が出るということ。それまで全く意識していなかった相手でも、自分に好意を持っていることを知ると、とたんに意識し始めるのと同じです。

プライベートでもそうですが、ビジネスがスタートする場合は、必ずどちらか一方がアプローチをかけるところから始まります。新規でアポイントの電話をするとか、手紙やメールで接触するなど、何らかの手段で会う機会を作ります。

そして、実際に面会したときは、最初は当然ながら一方通行です。言い換えれば片思い状態ですね。ぜひ、御社とお付き合いがしたいという側と、まだあなたのことがよくわからないからちょっと待ってという側。

そんなときに、次のようなアプローチをしたらどうでしょう。


「じつは御社のことは新聞で知りました」

「ほう、そうですか」

「はい、この記事を読んでとても興味がわいたのです」

「ありがとうございます」

「すぐに、御社のホームページを拝見しましたが、まだ設立して間もない会社なんですね」

「はい、まだ設立3年目なんです」

「それでもう新聞に取り上げられるような成果を出すなんて、すごいです」

「ありがとうございます」

「そこで、ちょっと見ていただきたいものがあるのですが、よろしいでしょうか?」


新聞記事を読んで、その会社のことを知り、興味を持ったのでホームページを検索してみた。そのことを雑談を通して伝えることで、相手への興味を示すことに成功しています。

自分の会社のことに興味を持たれていることがわかると、それまで興味もなかった人に対して、相手サイドも興味が出てきます。そうなれば、これまで一方通行だった気持ちが、双方向に変わってくるのです。もっとこっちに興味を持ってくださいよ、などと言葉でお願いするよりもはるかに効果的だと思いませんか。

これは2章でお話しした「相手に近い話題を使う」の応用です。そもそも相手に近いことを観察したり下調べをしたりすることで、相手をしゃべりやすくするのが目的でしたが、それと同時に、「相手に興味がある」という気持ちも表現できるというわけです。

話しやすい話題を振ってくれて、しかも自分に対してかなり興味を持っているようだ、これはもしかしたらいい人なのかもしれないぞ。そう思ってくれたら雑談は成功です。

雑談で相手に近い話題をお勧めしているのは、このような二重の意味があるからです。おそらくやってみると実感できますが、わりと早い段階で、相手の警戒心が解かれていくのがわかります。そうなれば、雑談後の本題にもスムーズに移行できますよね。

そしてもちろん、プライベートでも有効です。相手に振り向いてもらいたいと思ったら、まず自分が興味を持っていることを伝えるところから始めましょう。

私の大学時代の友人のK君は、お世辞にもカッコいいとは言えないタイプでした。そんな彼が好きな女性にアプローチをし始めたのです。彼女の好きな映画監督を聞き出して、その映画をいくつも観たり、好きなアーティストの曲を聞きまくったりしていました。

やみくもに「好きだ」を連発するのではなく、彼女への興味を行動で示したのです。するとしばらくして、仲良く二人で歩いている姿を見ました。どうやらうまくいったようです。ただし、あまり露骨にやりすぎると、かえって煙たがれてしまうので気を付けたほうがいいですね。

実際に誰かと雑談をするときにも、この「相手への興味」を意識しておくと、より精度の高い雑談が可能になります。やはり人間は、自分に興味がある人ほど、受け入れやすくなりますからね。

心がけ38 興味を持たれたかったら興味を示すこと

「気持ちに余裕がある人間である」を伝える

雑談は、気軽な会話です。お互いにリラックスした状態で行うのが普通です。どちらか一方がガチガチに緊張している状態では、よい雑談にはなりません。

ちょっと思い出してみてください。あなたが過去に雑談で困っているときは、決まって緊張していませんでしたか？　私はそうでした。高校生のときに女子と喫茶店に二人で行ったときも、営業マン時代にお客様を目の前にしたときも、何か話さなくちゃと思いながら何も頭に浮かばずに、沈黙の時間に比例して緊張している自分がいました。

とにかく何か話題を思いつかなくては先に進めないくらいの緊迫感で、必死に引き出しの少ない脳をかき回している姿。それを目の前の人が見てどう思っていたのかは、今なら簡単に想像できます。私もきつかったですが、相手もかなりきつかったでしょう。申し訳なく思います。

そんな私でしたから、とにかく人と会う前に雑談のネタを準備しておくクセをつけるようにしました。ネタがあれば目の前でオロオロすることもなくなりますから。そして実際に雑談がうまくできるようになると、もうひとつの変化に気付いたのです。

今までは、お互いの間に見えない緊張感がいつもあったのですが、雑談ができるようになってからは、それが消えていました。最初は、話題のネタが良かったので和やかな雰囲気になっているのかと思いましたが、どうやらそれだけではありませんでした。

それは、私の態度です。ネタを準備している安心感からか、緊張しないで会話に臨むことができていたのです。リラックスしながらタイムリーに話題を出す私を見た相手は、意外なほどにすぐに心を開いてくれるようになりました。

そう、「私は気持ちに余裕を持ってこの場に臨んでいますよ」ということが伝わっていたのです。

やはり仕事でもなんでも、いつも緊張している人よりは、気持ちに余裕のある人の方が頼りがいがあります。何かあっても冷静に対処してくれそうなイメージです。そしてなによりも安心できます。

同じことを私はセミナーの場でも実践しています。

いろいろな会場で話をしていると、ときどきマイクの調子が悪かったり、照明が途中で消えたりなどのハプニングが起こることがあります。そんなときこそ私は極めて冷静になることを努めています。

「あれ、ちょっとマイクの調子が悪いみたいですね。ではしばらくマイクなしで話しますので、みなさん少し前傾姿勢で聞いてください」

「おっと、照明が消えましたね。まあ暗い方が私は落ち着くので、声だけ聴いてください」

もちろん、内心では焦っていますが、表面上は平静を装っています。ここで私があわててしまったり、「はやく代わりのマイクをください！」などと声を荒げてしまうと、会場全体の雰囲気を緊張させてしまいます。それではお互いにやりにくくなってしまうでしょう。

ここで冷静に対応する姿を見せることで、「ああ、この人は落ち着いているなあ。安心できるなあ」と思ってもらえます。

初対面の人と雑談をしなければいけない場面というのも、ある意味でハプニングです。普通なら緊張して当たり前です。でもそこで冷静でいる姿を見せることにこそ、価値があるのです。

もし緊張しがちの人なら、どうしたら自分が緊張しないようになるのかを最優先で考えるべきです。気の利いた話をするよりも、緊張しないで対話することのほうが、相手に与える印象がはるかに上なのですから。

ちなみに私が緊張しないために心がけていることは次の4つです。

- 時間に余裕を持つ
- 事前にできるだけ相手のことを調べる
- 雑談のネタを3つ以上用意して臨む
- 名刺や資料がそろっているかを確認しておく

あなたも自分で心がけるべきことをピックアップしておくといいでしょう。

ちょっとしたことではあわてない、そんな自分を見せることを意識するようにしてください。きっと相手からの信頼感が増えるはずですよ。

心がけ 39 ハプニングは冷静な自分を見せるチャンスと心得る

「素直で正直な人である」を伝える

私は子供の頃から極度のあがり症に悩まされてきました。授業中に先生から指名されただけで、顔が真っ赤になって、全身に大汗をかいてしまいます。人前で発言したり、まわりから注目されたりするともうダメです。自分の身体が制御不能になってしまい、テンパって思考が停止してしまいます。そんな自分を格好悪いと思っていました。

でもあがるという症状は、そもそも自分へのプレッシャーが原因です。人前できちんとしゃべらなくてはいけない、でも自分にできるかな、できないかもしれない、できなかったら恥ずかしいな。そうやって自分を勝手に追い込むことで、脳が悲鳴を上げるのです。

要するに、体裁や格好を気にしていて、プライドばかり高い性格だと言えるでしょう。自分を良く見せようとばかりしていたのですね。

そんな私が大人になって営業マンになりたての頃の話です。

あるお客様と商談をしていました。

新人なので、まだ知識も足りませんし、専門用語を知っていたとしても内容を理解していない状態です。それでも私は、メーカーの人間としてお客様よりも詳しくなければいけないと思い込んでいました。

しばらく話をしていると、お客様がこんなことを言い出しました。

「ところでさっきから気になっていたんだけど、あなた、〇〇〇について本当に知ってるの？」

「知ってますよ」

「そうかなあ、話をしていてどうも知ってるようには思えないんだけど」

「知っています」

「あ、そう。まあいいや、今日はもう時間がないから帰っていいよ」

そのときの私の顔は、さぞかしこわばっていたでしょう。思い切りウソをついていたからです。お客様から指摘されたとき、ドキッとしました。図星を突かれてごまかそうとしました。でも相手はきっと気付いていたでしょう。そしてウソをついている私を見限って帰したのです。変なプライドがじゃまをして素直になれなかった結果です。
格好をつけようとムリしているその姿こそ、本当に格好悪いものでした。

雑談をしているときに、たまに知らないことが出てきたりします。最初は話の流れを切りたくない気持ちから、聞き流していてもいいでしょう。しかしそれが話のキーワードになっていたり、たびたび発言されるようでしたら、確認が必要です。

「すみません、さっきの○○○について、じつはよく知らないんですが……」
「えっ、知らなかったの」
「はい、教えていただけますか」

このように知らないことは知らないと、素直に聞くようにしましょう。知ったかぶりはすぐにバレます。そしてバレたときには、信頼度が急降下してしまうということを肝に銘じておいてください。私はそれで何度も損をしてきたからわかります。

知らないことが恥ずかしいと思っても、それを認めることで、「この人は素直な人なんだなあ」ということが伝わります。そのほうが、信頼に値すると思いませんか。

私もセミナーなどで質問を受けるのですが、たまに答えられないことがあります。そのときは素直に「わかりません」と言います。すると、セミナー後のアンケートで、「質問に対して真剣に答えようとする姿勢に好感を持ちました」と書かれたことがありました。それを見て、やはり素直であるということの大切さを再確認しました。

雑談は、自分の知識をひけらかすためのものではありません。相手よりも上位に立つものでもないのです。相手に好感を持ってもらい、信頼に値する人間だということを伝えることこそ、雑談をする目的です。そのためにも、素直で正直な自分を表現するようにしてください。そうすれば、仕事も人間関係も、そして人生さえも好転してくるでしょう。

あなたのこれからの生活がより良いものになることをお祈りしています。

心がけ 40 相手に好感を持ってもらうことが最優先

おわりに

最後までお読みいただきありがとうございました。

いかがでしたでしょうか。雑談の常識をひとつずつひっくり返していくと、意外と簡単にゴールが見えてくることがお分かりいただけたかと思います。そして雑談に関しての、それまで抱いていたモヤモヤが、少しでも晴れていればうれしいです。

ただし、雑談というのは、ひとりではできません。本を読んで納得しているだけでは、本当の効果にはならないのです。

そこで、ぜひ試してみてください。本書の内容をどれかひとつだけでも、誰かに試してみるのです。過去の質問をしてみるのでもいいですし、相手に近い話題は何かと探してみるのもいいでしょう。一度にすべてをやろうとせずに、ひとつずつ試していくことをお勧めします。

そして、実感してください。

「過去の質問って、本当に相手がよくしゃべってくれるんだなあ」

「身近な話題って、こんなに使いやすいんだ」

実際に体感することで、だんだん自然にできるようになってきます。やはり人は気持ちのよいほうに自然に流れていくようです。

そのためにも、さっそく実験に取りかかってください。

そんなあなたが近い将来、苦も無く笑顔で雑談している光景が、私にははっきりと見えていますよ。

2016年2月
渡瀬　謙

著者略歴

渡瀬　謙（わたせ けん）

サイレントセールストレーナー・有限会社ピクトワークス代表取締役。
小さい頃から極度の人見知りで、小中高校生時代もクラスで一番無口な性格。明治大学卒後、一部上場の精密機器メーカーに入社。その後、㈱リクルートに転職。社内でも異色な無口な営業スタイルで入社10カ月目で営業達成率全国トップになる。94年に有限会社ピクトワークスを設立。広告や雑誌制作などを中心にクリエイティブ全般に携わる。その後、事業を営業マン教育の分野にシフト。日本生命保険、三菱東京UFJ銀行、SMBC日興証券をはじめとする各企業でのコンサルティングや研修、講演を行って現在に至る。また近年では、自身の経験をもとにした、しゃべりが苦手な人のための話し方や雑談術などのセミナーも行っている。

主な著書に『内向型営業マンの売り方にはコツがある』、『内向型のための雑談術』（いずれも大和出版）、『「しゃべらない営業」の技術』（PHP研究所）、『相手が思わず本音をしゃべり出す「3つの質問」』、『相手の「買う!」を自然に引き出す4ステップ商談術』（いずれも日本経済新聞出版）など約20冊の実績。

編　　集　森　基子（廣済堂出版）
DTP制作　リリーフ・システムズ

人見知り・口下手も関係ない
負けない雑談力

2016年3月20日　第1版第1刷

著　者	渡瀬　謙
発行者	後藤高志
発行所	株式会社 廣済堂出版 〒104-0061　東京都中央区銀座3-7-6 電話 03-6703-0964（編集）　03-6703-0962（販売） FAX 03-6703-0963（販売） 振替 00180-0-164137 URL http://www.kosaido-pub.co.jp
印刷所 製本所	株式会社 廣済堂
装幀	株式会社オリーブグリーン
ロゴデザイン	前川ともみ＋清原一隆（KIYO DESIGN）

ISBN978-4-331-52006-2 C0295